아널드 민델의

관계치료

과정지향적 접근

Arnold Mindell 저
양명숙 · 이규환 공역

학지사

The Dreambody in Relationship

by Arnold Mindell

역자 서문

민델 박사의 『관계치료: 과정지향적 접근(*The Dreambody in Relationships*)』을 『양자심리학(*Quantum Mind*)』에 이어 번역하게 되었다. 이 책은 민델 박사가 양자심리학을 비롯한 과정지향적 접근의 이론을 관계치료에 적용한 것으로, 실제 임상에 임하고 있는 역자에게는 그동안 의문점을 가지고 있었던 부분들에 대한 비밀을 풀어 주는 마술과도 같은 책이었다. 관계치료에 대한 드림바디를 중심으로 한 과정지향적 접근방식이 새롭거나 낯설기보다는 이미 오래 전부터 우리 곁에 있었던 자연스러운 접근이라는 느낌이 들기도 하였기에, 민델 박사가 이렇게 이론과 임상 실제를 정리를 해 준 것이 너무나 감사하였다. 민델 박사는 나에게 존경스러운 학자이자 임상가의 모델이기도 하다. 따라서 상담의 차원을 확장해 주는 민델 박사의 관계치료에 대한 과정지향적 접근의 이론과 임상을 상담에 임하는 학도들과 함께 나누고 싶었기에, 이 책에 대한 번역을 시도하였다.

한편 이 책을 번역하는 상담전문가 입장에서, 민델 박사가 사용한 '정신분석사'라든가, '의사' '치료사' 등은 이 모두를 수용할 수 있는 '상담자'로 번역을 하였다. 그리고 상담을 받기 원하는 고객들은 '환자'보다는 '내담자'라는 용어를 사용하였다. 이에 독자들의 이해를 구하는 바다.

이 책의 공역자로 『양자심리학』을 함께 번역해 주었던 이규환 교수님께서 함께하였다. 물론 이 교수님은 이 『관계치료: 과정지향적 접근』은 본인의 전공과는 거리가 있다고 사양을 하셨지만, 『양자심리학』을 함께 번역한 내공으로 동참해 주셨다. 이에 대하여 이 교수님께 지면을 통하여 다시금 감사드린다.

또한 이미 민델 박사와 계약을 통하여 이 책의 번역 작업이 진행되고 있는지 모르고, 번역에 관심을 보였던 사람들에게는 미안한 마음이 앞선다. 아마도 그들이 이 책의 번역에 임했더라면, 훨씬 더 유연하게 작업을 했을 것이라 생각된다. 하지만 학자로서 그리고 상담 전문가로서 이 책에 너무나 공감을 하기에, 부족하지만 감히 번역을 감행하였다. 그러나 나의 부족함을 공역자이신 이규환 교수님이 채워 주시기는 하였지만, 여전히 매끄럽지 못하거나 오역된 부분들이 있을 것이라 본다. 따라서 독자들이 이를 찾아낸다면 언제라도 알려 주기 바란다. 그리고 이 책의 초기 번역 작업을 위하여 수고를 아끼지 않은 한남대학교 일반대학원 상담학과 박사과정생들과 이선희 선생님을 비롯하여 전지경, 조은주 선생님께 감사를 드린다. 이선희 선생님은 특히 수정 작업을 위하여 영문 타이핑과 더불어 내용을 검토해 주었다. 그리고 언제나 옆에게 힘이 되어 주고 지원을 아끼지 않는 상담학과와 아동복지학과 제자들에게도 감사와 사랑을 전하고 싶다.

끝으로 『관계치료: 과정지향적 접근』으로 번역된 이 책이 관계 문제에 직면한 독자들과 상담자들에게 새로운 희망이 될 수 있기를 바란다.

한남대학교 오정골에서

역자 대표 양명숙

독자에게

나는 독자들에게 이 책에서 사용한 남성적 표현에 대하여 양해를 구하고자 한다.

나는 성의 정체감에 민감한 언어에 대하여 잘 알고 있지만, 자주 사용하는 '그' '그의' 등의 언어는 성차별주의자의 경향성과는 전혀 별개라는 것을 미리 밝혀 두고 싶다. 내가 이런 남성적 지칭을 사용하는 것은 독자들이 읽기 쉽고 편하게 하기 위해서다. 나는 독자들로부터 심리학의 주제에서 흥미를 유발하기 위하여 상상적인 상담자와 내담자를 자주 언급하였다. 그리고 남성적 용어는 상담자나 내담자들을 반복적으로 언급하는 불편함을 피하기 위하여 사용되었다는 것을 밝혀 둔다.

감사의 글

먼저 가족, 가까운 친구 그리고 스위스 티쉬이브(Tschierv)와 미국 워싱턴 주의 시애틀에서 있었던 관계에 대한 세미나에 참가한 학생들에게 감사한다. 이들은 관계에 관한 실험 연구의 중요한 시기에 많은 도움을 주었다.

특히 바바라 크로시(Barbara Croci)가 이 책의 후반부에 포함된 응용 부분을 도와준 것과 조 굿브레드(Joe Goodbread)가 이중 신호와 드림바디(dreambody) 이론을 명확하게 정립할 수 있도록 도와준 것에 감사한다. 또한 훌륭한 비평과 더불어, 편집, 원고 타이핑을 해준 줄리 다이아몬드(Julie Diamond)에게도 많은 신세를 졌다. 그리고 에이미 카플란 민델(Amy Kaplan Mindell)이 최종 원고에서 좋은 아이디어를 제공해 준 것이 매우 큰 도움이 되었으며, 던 매켄(Dawn Menken)의 타이핑, 색인 그리고 책에 대한 비평도 큰 도움이 되었다.

이외에도 많은 친구들이 원고에 대한 지원, 비평, 개인적 상호작용을 통해 큰 도움을 주었다. 제인 클로드 오더곤(Jean Claude Audergon), 기셀라 오더곤(Gisela Audergon), 킴 버그(Kim Burg),

유어스 뷰티코퍼(Urs Buttikofer), 잰 드워킨(Jan Dworkin), 바버라 한나(Barbara Hannah), 빅토리아 허만(Victoria Hermann), 조지 메코치(George Mecouch), 노라 민델(Nora Mindell), 라라와 로빈 민델(Lara and Robin Mindell), 칼과 펄 민델(Carl and Pearl Mindell), 맥스 슈바흐(Max Schupbach), 데비 슈바흐(Debbie Schupbach), 마리 루이제 폰 프란츠(M. L. von Franz). 또한 "루틀리지 & 케간 폴"(Routledge & Kegan Paul)의 편집자인 에일린 캠벨(Eileen Campbell)의 적극적인 지원에 감사한다. 칼 구스타프 융(C. G. Jung)의 저서들도 많은 도움이 되었다. 또한 현대의 가족상담자들은 나의 초기 물리학 연구의 응용 가능성을 확신시켜 주었다. 집단은 어떤 관점에서는 하나의 단일 시스템처럼 행동한다. 의사소통의 과정, 채널 그리고 신호와 결합된 본질과 작업하기 위한 많은 방법은 나의 물리학 연구로부터 나왔다. 나의 저서 『드림바디(*Dreambody*)』에서 기술된 꿈과 바디워크에 대한 그동안의 경험은 집단의 꿈 패턴을 이해하는 데 많은 도움을 주었다. 또한 『꿈꾸는 영혼(*Working with the Dreaming Body*)』에서는 개인과 집단 사이의 관계에 대해서 더 많이 알아내도록 격려하였다. 과정 이론에 대한 이론적인 기초 그리고 연금술과 도(道) 사이의 연결은 『강의 길(*River's way*)』에서 다루고 있다.

카를로스 카스타네다(Carlos Castaneda)의 스승인 돈 후안(Don Juan)은 이 책 이면에 있는 정신 중에 하나임이 틀림이 없다. 왜냐하면 원고를 마무리 짓는 마지막 날 밤에, 나는 돈 후안이 사용한 개념

중에 하나인 도시에서의 '전사'가 되는 꿈을 꾸었기 때문이다. 나의 꿈속에서 『관계치료: 과정지향적 접근(*The Dreambody in Relationships*)』의 정신은 '세계에서의 전사(Warrior in the World)'라고 불렸는데, 이는 사람들이 나구알(nagual) 또는 무의식이 관계를 형성하고, 따라서 모든 순간은 마지막이 될 수 있다는 것을 깨닫는, 긴장된 삶을 살아야 하기 때문이었다. 꿈에서는 이렇게 들렸다. "그러므로 확연하게 깨어 있고 너의 모든 재능과 용기를, 사랑과 관계에서의 결합요소는 통로라는 것을 깨닫는 데 사용하라. 즉, 우리 모두를 행동하도록 꿈꾸게 하는 과정이다."

그리고 마지막으로, 과정지향 심리학 연구학회(Research Society for Process Oriented Psychology)와 취리히에 있는 융 연구소가 이 책의 내용에 대한 강의를 할 수 있도록 기회를 준 것에 대해 감사한다.

이러한 관계들, 저자들, 영성들, 연구소들 그리고 역사적 배경이 없었다면 이 책은 절대로 이루어질 수 없었을 것이다.

차 례

CHAPTER

01

드림바디 언어

CHAPTER

01 드림바디 언어

나는 관계의 신비에 대해 깊이 연구하기를 원하거나 이러한 신비를 만족스럽고 활기찬 일상의 삶으로 바꿀 수 있는 특별한 방법을 알고자 하는 전문 상담자들과 일반인들에게 도움을 주기 위하여 이 책을 저술하였다. 관계에 대해 깊이 작업하는 것과, 관계 속의 문제를 처리하는 방법을 배우는 것, 그리고 관계들을 창조해 내는 배경의 꿈꾸기를 경험하는 것에 관심이 있는 사람은 누구라도 과정지향 관계 작업(process-oriented relationship work)의 개발에 참여할 수 있다.

이 작업에는 세 가지의 특징이 있다. 첫째, 이것은 가족상담의 과제를 의사소통 이론과 함께 개인 상담에서 발전된 꿈과 바디워크(Bodywork)를 이용해 작업하는 것이다. 이러한 결합은, 가족상담이 꿈이나 바디워크 없이는 각 개인에게 피상적인 경험으로 머물 수 있기 때문에 매우 중요하다.

둘째, 집단의 초점을, 보통 내담자가 개인 상담에서 받는 일종의 개별적 관심과 함께 둔다. 집단을 선호하고 개인을 무시하는 경향이 있는 현대 가족상담에 있어, 이것은 꼭 필요한 단계다. 나는 개개인을 더 큰 시스템의 한 측면으로 바라보는 가족상담자의 관점을 이해한다. 그러나 개인의 복합적이고 다양한 깊이를 부정하거나 무시하는 가족상담은 한계에 부딪히게 될 것이다. 각 개인은 가족 시스템의 일부분으로서 결국은 부분적으로만 이해된다고 느낄 수 있기 때문이다.

셋째, 관계는 채널이다. 즉, 각 개인이 단지 집단 메시지에 대한 표현의 한 채널인 것과 같이, 관계는 오로지 개인의 일부일 뿐이다. 각 집단이 그 구성원만큼의 다양한 표현 방식을 가지고 있는 것처럼, 개개인들은 다양한 인식과 표현 방식을 가지고 있다. 누군가는 꿈, 내적 대화, 신체 느낌, 움직임, 세계의 사건들, 동시성, 그리고 물론 관계에서의 자기 자신을 경험할 수 있다. 따라서 관계는 우리가 자신을 경험할 수 있는 한 가지 방법이다. 그러나 이것을 유일한 방법으로 여기는 것은, 개인이 그가 살고 있는 세상과 무관할 것이라고 말하는 것처럼 어리석은 일이다.

따라서 과정지향 관계 작업은 가족상담의 임무를 개인의 강력한 꿈과 신체 경험에 함께 결합시킨다. 이것은 개인을 집단에 대한 채널로 그리고 관계를 개인에 대한 채널로 본다. 이러한 결합은 관계의 의식, 무의식 측면으로서 스스로를 연관시키는 과정에 대한 책임과 관점인 이 책의 네 번째 특성에 의해 가능해졌다. 이러한 관점을 주장하는 이유는, 관계에 관한 오랫동안의 경험을 통해 간단한 해결책, 규칙, 조언, 심지어 이해까지도 일시적일 뿐이며, 많은 경우에 비효과적이라는 것을 보아 왔기 때문이다. 사실, 사람들에게 언제 어떻게 누구와 의사소통을 해야만 하는지에 대한 권유나 지시가 오히려 더 많은 갈등을 일으키는 것을 발견했다. 어쨌든 심리학에서 어쩔 수 없이 일어나는 투사에서 벗어나려고 노력하는 상황이 오히려 관련된 모든 사람을 파괴시키는 것을 보아 왔다.

따라서 이 책에서는 사랑에 빠지는 것, 이별, 혼외 관계, 성적 변태, 양육 문제, 공격성, 과도한 공손함 등의 이면의 패턴과 같은, 관계 문제의 넓은 범위를 다루었다. 이러한 모든 상황에서 가장 유용한 작업 방법은 관계 이면의 의도하지 않은 의사소통, '꿈꾸기 과정(dreaming process)'에 초점을 맞추는 것이다. 이러한 꿈꾸기 과정으로 작업하는 것은 관계 이면의 깊은 흐름을 인식하고 경험하는 것뿐만 아니라, 주변의 갈등에 대한 작업도 비교적 용이하게 풀어 나갈 수 있게 해 준다. 예를 들어 보자.

조안(Joan)과 롤프(Rolf)는 상담하러 와서는 서로 반대편에 앉았다. 그들은 스트레스를 상당히 받고 있었고 완전히 지쳐 보였다. 그들은 서로 헤어지는 것에 대해 끊임없이 이야기해 왔으며, 이제는 더 이상 어찌할 바를 모르고 있었다. 롤프는 조안이 요구해 온 대로 좀 더 감정적으로 행동하려고 노력하고 있다고 말하고, 조안은 여전히 그가 지나치게 이성적으로 행동하고 있다고 화를 내면서 목소리가 쉬어 있었다. 그녀는 그가 너무 말이 많다고 불평했다. 이때 나는 의도하지 않은 의사소통, 말하자면 그녀의 쉰 목소리를 관계 속으로 끌어들이기로 결정했다.

"당신의 쉰 목소리를 따라 조금만 더 조용히 해 봐요."라고 그녀에게 권해 보았다. 조안이 조용해지자 롤프는 그녀를 응시하였다. 그가 계속해서 그녀를 조용히 보고 있자 그녀의 눈가에 눈물이 맺히기 시작했다. 잠시 후 어떠한 느낌이 롤프의 마음도 움직여 그 또한 말이 없어졌다. 이후 그녀는 마음을 진정한 뒤 "인정하기 싫지만, 난 그를 정말로 사랑해요."라고 말했다. 그들은 상담이 끝날 때까지 서로의 눈을 바라보고 있었다. 롤프는 그들의 첫 만남이었던, 둘이 나란히 앉아서 조용히 바다를 바라보던 관계를 꿈꿔 왔었다고 말했다.

조안과 롤프는 동시에 두 가지 방법으로 의사소통하였다. 그중 하나는 헤어지는 것에 대해 말다툼을 하는 것이고, 또 다른 방식인 '꿈꾸기 과정'은 조용히 서로의 눈을 끊임없이 바라보는 것이었다. 함께 사는 것 또는 헤어지는 것은, 바다에 대한 그들의 공통적 매료에 의해 무의식적으로 형성된 그 둘 사이의 관계를 정의하는, 의식적인 방법이다. 오늘날 많은 심리학자들은 사람들이 동시에 여러 단계의 의사소통을 할 수 있다는 것을 알고 있다. 새로운 것이 있다면 조안의 쉰 목소리 같은 소위 '이중신호(double signal)'인 의도하지 않은 의사소통이, 사람들을 함께 묶어 주는 배경적이지만 결정적인 역할을 하는 꿈꾸기 과정으로 연결시킨다는 것이다.

따라서 사람들은 미처 깨닫지 못한 채로 두 개의 매우 다른 언어로 동시에 의사소통을 할 수 있는 것 같다. 사람들의 첫 번째 언어, 즉 의도된 언어는 조안과 롤프의 논쟁과 같이 사람들이 초점을 맞추고 있는 문제나 주제다. 이러한 1차 의사소통 과정은 너무나 강력해서 그 말을 듣는 사람들로 하여금 비의도적이고 꿈과 같은 의사소통 과정을 알아차리는 것을 잊어버리도록 암시한다.

그리고 2차 과정은 덜 의식적이며 의도하지 않은 것으로, 일종의 수수께끼다. 사람들은 이것에 대해 잘 알아차리지 못하거나 언급하지 않는다. 하지만 사람들이 의도적 언어가 아닌, 투덜거림, 어깨를 으쓱대는 것, 억양, 눈썹의 움직임, 앉아 있는 자세 등에 주의를 덜 기울일수록, 이런 비의도적 언어는 더 강력해지고 혼란스럽게 된다. 이것은 신체적인 문제도 야기한다—조안은 바로 얼마 전에 목 수술을 받았었고 이로 인해 쉰 목소리를 갖게 되었다. 2차 신호, 이러한 이중신호는, 두 사람이 더 이상 서로를 이해하지 못할 정도로 그들의 1차 의사소통을 방해한다. 갈등에 대한 대화는 순식간에 혼란스럽고, 악화되면서 싸움이 되고, 두 사람은 서로 무슨 말을 했는지 무슨 행동을 했는지 기억조차 못하거나 심지어는 거짓말을 한다고 서로를 비난하게 된다. 그러나 관계 속에 있는 파트너들이 이러한 꿈의 언어(dream language)를 더 잘 알아차린다면, 1차 문제는 쉽게 해결되거나 덜 고통스럽거나 아니면 아예 문제가 되지 않을 수도 있다.

나는 이런 2차 의사소통 과정을 '드림바디 언어'라고 부르는데, 왜냐하면 그것의 신체 신호, 앉은 자세, 목소리의 높낮이, 행동과 반응은 대화 과정에서뿐만 아니라 꿈에서도 관찰될 수 있기 때문이다. 이러한 언어에 대해 배우는 데에는 알아차림의 훈련이 필요하다. 그러나 이것을 사용하는 것은 인내와 용기, 그리고 자기인식을 필요로 한다. 스스로 이것을 사용하려면 말 그대로 또 다른 실재(reality)를 당신의 세계로 들여와야 한다.

드림바디 언어는 정말로 꿈과 같다. 우리는 그 신호를 잘 알아차리지 못하거나 이해하지 못한다. 그 정보는, 우리가 갖고 있는지조차 모르는 신화나 신념뿐만 아니라 완성되지 못한 신체 움직임, 이상한 생각, 또는 꿈으로서 순간적으로 나타난다. 예를 들면, 조안은 자신이 침묵을 잘 참지 못한다는 것을 알아차리지 못했고, 롤프는 자기가 매우 감성적인 사람이라고 믿고 있었다. 이것이 바로 조안과 롤프처럼 우리 모두가 충돌에서 신념이나 신화처럼 보이는 것과, 관계 갈등이 있는 일상적 세계에 영향을 주고 풍부하게 하려는 꿈, 그리고 신체를 방해하여 발현하기를 기다리는 꿈과의 충돌에서 자주 고통을 받는다.

개인과 그 개인이 속해 있는 관계에 대한 과정 작업은, 개인의 삶을 구성하는 동일한 꿈 패턴이 마찬가지로 커플이나 집단을 구성하고 있다는 것을 거의 항상 알려 준다. 내가 '글로벌 드림바디(global dreambody)'라고 부르는 이러한 조직 패턴에 대해서는 뒤에서 더 자세하게 기술할 것이다. 여기서는 그것이, 집단의 각 구성원이 그 집단의 특별하면서도 필수적인 채널 중 하나라는 것을 드러내면서, 자신의 메시지가 과정 작업 중에 펼쳐지는 장(場), 즉 공동의 드림바디라고 간단히 말할 수 있다.

글로벌 드림바디는 우리를 서로 묶어 준다. 이것은 신비스럽게 우리 개인 심리를 형성하고, 관계를 만들거나 방해하면서, 우리를 다른 사람의 내면세계와 보이지 않는 방법으로 연결시킨다. 이러한 장에서 살아가는 것은 사랑과 관대함뿐만 아니라 높은 수준의 알아차림, 용기 그리고 진정한 자기 자신이 되기 위한 준비를 요구한다. 참으로 다행스러운 일은, 당신의 모든 부분들이 있는 그대로 드러나 온전한 자기 자신이 되는 것은, 개인적인 삶뿐만 아니라 공동체를 위해서도 매우 중요하다는 믿음을 경험적으로 실증할 수 있다는 것이다.

우리는 아직도 글로벌 드림바디의 메시지를 해독하고 처리하는 방법에 대해 더 많이 배워야 한다. 과정지향 작업(process work)은 이것을 어떻게 해야 하는지에 대한 방법과 자신의 동맹자로서 자연을 관찰하고 사용하는 방법을 배우는 것에 초점을 두고 있다. 이 책에서 다루는 내용은, 상담자가 상대적으로 객관적인 방법으로 커플과 집단을 따라갈 수 있도록 하는 시도로서, 과정 안에 있는 작업이다. 이 책의 목표 중 하나는, 치료적 속임수나, 교활한 제안으로 내담자들을 조종하려는 심리치료적 경향성으로부터 벗어나, 드림바디, 홀로그램(hologram) 그리고 인류기원 이론(anthropos theories)들을 자유롭게 사용하고자 하는 것이다.

원칙적으로 과정지향 작업은 자연의 법칙에 따르는 것을 의미한다. 과정은 이미 발생하고 있는 것이지, 발생되었어야 하는 것이 아니다. 과정은 이미 일어난 것들이다. 그것은 사람들이 다른 사람을 만날 때나 그리고 생각할 때마다 항상 계속된다. 이는 가장 먼저 관계를 만들어 주는 유기적인 방법이다. 우리가 과정을 알아차릴 수 있도록 우리 자신을 훈련시킬 수 있다면, 우리는 자연적인 관계의 힘과 더불어 작업할 수 있으며, 일시적인 해결책으로서 기술적인 전략이나 프로그램을 통하여 삶을 단절시키는 경향성을 피할 수 있을 것이다.

따라서 나는 이 작업에서 두 가지 이유로 '가족상담(family therapy)'이라는 용어 대신 '과정지향 작업(process work)'이라는 용어를 사용한다. 첫 번째 이유는 가족 문제를 가지고 있는 사람들이 종종 가족상담자에게 저항하는데, 왜냐하면 그들은 상담자가 개인의 발전보다 가족 제도를 더 선호할 것이라고 생각하기 때문이다. '과정지향 작업'은 의도된 과정과 의도되지 않은 과정에 초점을 두고, 일어나고 있는 것과 일어나게 하려는 것에 초점을 두고 있지, 누가 참석해야 하고, 무엇이 일어나야 하고, 또는 어떤 역할이 채워져야 하는 것에는 초점을 두지 않는다.

'가족상담' 대신 '과정지향 작업'을 사용하는 두 번째 이유는, 많은 인간 문제가 개인상담이나 집단상담의 제한적 초점 안에서 이해될 수 없기 때문이다. 사람들은 개인이나 그의 가족에 대한 치료적 처방으로 요구되는 제한들에 대하여 매우 난처해한다. 더구나 우리 인간들은 너무나 흥미로운 존재이기에, 항상 무엇인가 잘못이 있다는 것을 함축하는 '상담 패러다임'의 틀 안에 다 집어넣을 수 없다. 심리학의 목표 중의 하나는, 관계 과정(relationship process)의 초점이 개인적 상황과 집단적 상황, 어린이와 어른, 꿈과 신체 상황, 자연발생적인 모임과 헤어짐, 그리고 개인적 역동과 초심리학적 현상 사이에서 자유롭게 움직이는 것처럼, 관계 과정을 유연하게 다루는 능력을 발달시키는 것이라고 할 수 있다.

따라서 이 책의 전반부에서는 과정 개념을 정리하고 꿈과 바디워크에 관한 이론적인 정보를 다루었다. 후반부에서는 이론을 실질적으로 사례에 적용하는, 커플과 가족의 작업에 초점을 두었으며, 그리고 마지막 두 장에서는 글로벌 생태를 위한 관계 연구를 논의하였다.

"과정지향 심리학(Introduction to process Oriented Psychology)"이라는 동영상이 있다. 이 동영상은 세 부분으로 구성되어 있다. 첫 번째 부분은 아니 민델(Arny Mindell)과의 인터뷰다. 두 번째는 기초적인 작업 부분이고, 그리고 세 번째는 강력한 감성적인 문제를 다루는 심화과정이다.

CHAPTER

02

가족 연구에 대한 전망

CHAPTER

02 가족 연구에 대한 전망

전이

프로이트는 전이 이론(theory of transference)을 통해 관계를 정신분석학의 중심으로 만들었다. 그의 이론에 따르면, 전이는 내담자가 부모와의 문제를 상담자에게 투사 또는 '전이'한다는 사실의 신경정신학적 징후였다. 사실, 고전적 프로이트 심리학에서, 상담자 자신은 알려져 있지 않고 보이지 않는 존재로 남아 있음으로서 이런 관계 문제를 간접적으로 치료하였다. 이러한 고전적 환경에서 내담자가 긴 소파에 누워 자신의 관계에서의 좌절과 불만족을 상담자에게 투사하는 동안 상담자는 책상 뒤쪽에 앉아 있었다.

역전이

현대 프로이트학파들은 내담자와 상담자 사이에서 발생하는 현상들을 연구하고, 상담자 자신의 사랑과 미움에 대한 정서적인 경험이 내담자에게 전이되는, 역전이 이론(theory of countertransference)을 발전시켰다. 상담자는, 내담자가 무의식적으로 경험하기를 거부하는 정서를 자주 경험하는 것으로 알려져 왔다. 예를 들어, 내담자에게 진료비를 요구하는 것에 대해 죄책감을 느끼는 상담자는, 내담자가 무엇인가를 요청하는 것에 대해 느끼는 죄책감을 상담자가 대신 행동으로 나타내게 되는 상황에 있을 수도 있다. 다시 말하면, 현대 프로이트학파의 관점에서, 상담자 자신도 자신의 콤플렉스와 연결된 것만 경험하는 것이 아니라 내담자의 콤플렉스와도 연결된 감정을 경험할 수 있다는 것이다.

융의 추가 발견

프로이트 정신분석학은 기본적으로 개인을 분리되고 명확한 개체로서 이해하고 연구하려 한다. 간단하게 말하면, 상담자는 내담자의 거울상(傷)이나, 감정적 문제를 '풀어야 할' 책임이 있는 독립된 개체로서 등장한다. 그러나 융은 상담의 개별적 지향 방법을 따랐지만, 미해결된 부모의 이미지가 관계에 투사되는 것뿐만 아니라, 경우에 따라 자신 내부의 알려지지 않은 것도 전이 상황에서 투사될 수 있음을 추가적으로 발견하였다. 예를 들면, 내담자는 초자연치료사 또는 지혜로운 노인과의 경험을 상담자에게 투사할 수도 있다. 부정적 전이 상황에서, 내담자는 부정적인 어머니 또는 냉정하고 지적인 아버지를 상담자에게 투사할 수도 있다. 이러한 부정적 투사는 상담에서 작업하기가 어렵다. 왜냐하면 부분적이긴 하지만, 부정적 투사 안에는 항상 약간의 진실이 담겨 있기 때문이다. 그래서 내담자가 상담자에 대해 자기가 옳다고 주장할 때, 상담자가 "그건 모두 투사일 뿐입니다."라고 주장한다면 내담자에게 부당한 작업을 하게 되는 것이다.

심리학 개념에 대한 다른 학파와는 대조적으로, 융은 이런 복잡한 상황에서 상담자가 스스로 뒤로 물러나 권위적인 행동을 버리고, 내담자들이 말하는 것이, 좋든 나쁘든, 진실일 수 있다는 것을 인정하기를 권장했다. 만일 내담자가 상담자를 엄격한 아버지와 같은 이미지를 가진 사람으로 본다면, 그리고 사실 상담자도 그런 모습을 꿈꿔 왔었다면, 융은 아마도 상담자에게도 이러한 측면을 개인 성장에 포함시키도록 격려했을 것이다.

전이 문제

상담자를 내담자의 과정에 직접 관여시키려는 융의 제안은 작업을 매우 복잡하게 만든다. 상담자가 그 장면, 즉 내담자의 과정에 들어가면, 그의 권위주의에 대한 투사는 제거된다. 상담자는 더 이상 신(神)과 같은 존재가 아니고, 이제는 현실적이 된다. 융은 심지어

분석 지향적이 아닌 환경에서의 만남이 도리어 내담자와 상담자 모두에게 유용할 것이라고 느꼈다. 여러분은 이러한 주장이 1920~1930년대 심리학 분야에서 얼마나 큰 파문을 일으켰는지 상상할 수 있을 것이다. 오늘날에도, 상담자 사이에서 내담자와의 개인적인 접촉이 적절한 것인지에 대한 논쟁은 계속되고 있다. 만약 상담자가 상담하는 내담자에 대해 진실로 알기를 원한다면, 일반적인 분석 작업 환경이 아닌 곳에서 그를 만나는 것이 바람직하다는 것은 의심할 여지가 없다. 그렇지 않다면, 상담자는 내담자가 온전한 사람으로 어떠한지를 판단하기 위해 그의 상상력에 의존하게 될 것이다. 어쩌면 상담자는 이런 것을 수행 할 수 있는 시간, 에너지 또는 의향이 없을 수도 있다. 다행히 이것에 대한 규제는 없지만, 각 상담자들은 자신만의 방법을 찾아야만 한다.

중요한 점은, 융이 권위주의적인 책상을 밀어 내고, 내담자를 인간 대 인간으로 대함으로써 상담자의 실재를 내담자의 과정에 도입했다는 것이다. 물론 그는 모든 사람에게 이것을 실행하지는 않았다. 어떤 내담자는 심리검사용 로르샤흐 검사가 필요하고, 또 다른 내담자들은 좀 더 개인적인 만남을 필요로 한다. 그러므로 정신분석에서의 관계는 사람에 따라, 커플에 따라, 그리고 순간에 따라 계속해서 변화하고 있는 과정이다.

상담자의 실재는, 그가 세상에서 다른 사람들과 함께 경험하는 관계 문제와 같이, 내담자와도 같은 맥락에서 관계 문제를 종종 재현한다. 이것은 꽤 긍정적일 수 있다. 왜냐하면 진지한 문제들은 그것이 실제 일어날 때 작업할 수 있기 때문이다. 하지만 반대로, 상담자 자신들도 내담자의 문제에 빠져서 그 문제에 의해 감염될 위험성이 있다. 이렇게 당신도 일부분인 장(場)을 다루는 것은 특별한 방법과 이해를 요구한다.

전이에 대한 개방적이고 적나라한 토론은 대체로 충분하지 못하다. 상담자는 투사를 풀어 내야 하고, 내담자에게 상담자에 대한 생각의 일부가 내담자 자신의 측면이라는 것을 알려 주는 작업을 해야만 한다. 그러나 여전히 상담자와 내담자 사이의 이러한 진술함도 심각한 문제를 해결하는 데는 불충분하다. 그렇다고 분석적 이해가 꼭 필요한 것은 아니다. 때로 심각한 직면과 대결이 요구되기도 한다. 상담수련생들을 위한 슈퍼비전에서, 나는 실제로 극소수의 내담자만이 자기 자신을 더 잘 이해하기 위해 상담자를 만난다는 것을 알게 되었다. 상담수련생이 다른 수련생들을 상담자로 정하여 작업하는 훈련 과정을 통해 알게 된 것은, 내담자들이 상담자를 선택하는 많은 이유 중 하나는 그 상담자가 그들에게 만만하게 보인다는 것이다. 내담자는 상담자를 자기의 자신감을 키우기 위한 펀칭백으로 사용해야 할 필요가 있을지도 모른다. 다른 상황에서, 상담자는 내담자를 무조건적으로 지지하는 어머니와 같은 역할로 이용될 수도 있다. 단지 아주 드문 경우에, 내담자는 상담자와 함께 성장하는 이상적인 관계를 필요로 하기도 한다. 우리 모두가 알고 있듯이, 상담자들도 인간이다. 많은 상담자들은 단지 내담자들이 요구하는 기본적인 사항들만을 충족시켜 줄 수 있을 뿐이다. 따라서 종종 내담자는 상담자를 벗어나기도 한다. 이 시점에서 이해만으로는 해결할 수 없는 문제들이 일어난다. 이런 경우에는 제삼자인 또 다른 상담자를 개입시켜, 어려운 문제들의 '얽힘'을 풀어 주도록 요청하는 것 외에 다른 방도가 없다.

여기서 제삼자란 특별한 관점을 의미한다. 따라서 우리는 아마도 심리상담의 가장 충격적인 것 중 하나인 첫 번째 결론에 도달한다. 깊으면서 오래 지속되는 관계는, 관계에 직접적으로 관련되어 있으면서도 또한 관계로부터 떨어져 있는 의식이 있어야만 가능하다는 것이다. 제삼자란 관계에서 멀리 있지만 또한 관련되어 있는, 개인적이면서도 비개인적이며, 감정적이면서도 도(道)인 의식의 상징이다. 제삼자는 일대일의 상황을 넘어 가는 능력과, 사람을 개인으로 보는 동시에 개인과 집합체인 두 부분이 효율적으로 의사소통하지 못하기 때문에 고통받는 단위로 보는 능력을 가지고 있다.

정당화

제삼자의 필요성이 불가피한 것은, 한 집단에서 둘 또는 그 이상의 구성원들이 서로 싸울 때마다 각 구성원은 자기가 옳다고 주장하기 때문이다. 당신의 옳고 그름에 대한 확신은 관계의 문제와는 아무 상관없다. 왜냐하면 당신이 틀림없이 옳을 수도 있고, 이 땅 위의 최고의 법정에서 자신이 옳다는 것을 증명할 수도 있고, 배심원들에게 당신이 당신의 파트너보다 더 똑똑하고, 더 지성적이고, 더 의식적인 것을 보여 줄 수는 있지만, 그러나 당신과 파트너의 관계는 아주 없거나 아니면 거의 끝난 상태이기 때문이다. 올바르다는 것은 단지 신의 영역이거나, 하나의 고정된 상태에 불과하다. 기껏해야 그것은 판단이다. 그러나 판단은 사람들 사이에서 발생하고 살아서 계속되는 과정을 대체할 수는 없다.

개인상담으로의 물러남

관계란 둘 또는 그 이상의 사람, 의식, 용기, 무엇보다도 겸허함을 포함하는 과정이다. 그런데 요즈음 세상에 누가 이 모든 것을 다 갖추고 있을까? 내가 만났던 어느 누구도 감정적일 때, 이 모든 본질을 다 갖추지는 못했었다. 이러한 상태에서 가장 본능적으로 하는 것은 아픔을 느끼고, 관계에서 물러나며, 전적으로 자신에게 초점을 맞추는 것이다. 물러남은 일상적인 결혼생활에서 한 파트너가 문을 닫고 상대방과의 대화를 몇 시간, 며칠, 몇 주씩 거부할 때 발생하거나, 이혼의 경우에는 영원히 거부함으로써 발생한다.

체념과 물러남은 심리상담의 이론과 실제에서도 일어난다. 심리상담에서 초점은 전적으로 내담자에게 맞추어져 있으며, 내담자는 보통 상담자에 대해 많이 알고 싶어 하지 않는다. 관계 갈등에서, 내담자는 자기 자신의 얽힘만으로도 지쳐 있기에 자신만을 위한 분석을 고집한다. 이런 방식으로 내담자는 자기 자신에 대해 많이 배우게 되고, 자신의 콤플렉스를 풀게 되고, 자신의 갈등 패턴도 발견할 수 있지만, 그는 관계의 그 상황에서 그 자신에 대해서 결코 진실로 배울 수 없으며, 또한 그가 다른 사람과 있을 때 발생하는 과정에 대해서도 이해할 수 없다.

상담자의 신경증적인 관점과 개인상담

보통의 일반적인 상담자들은 자신의 입장에서 내담자의 물러서는 경향을 좋아한다. 그 이유는, 대부분의 상담자가 자신들이 그저 평범한 인간으로 내담자와의 관계에 들어갈 준비가 되어 있지 않거나, 또는 들어가는 것을 꺼려 하기 때문이다. 내담자와 갈등이 있을 때, 상담자는 종종 자신의 역할에 고정된다. 자신은 언제나 '옳아야만' 하고, 상담자로서 더 의식적이어야 한다는 것이다. 이러한 가정은 그가 사적인 자리에서 자기의 내담자에 대해 생각하고 평가하는 방법에서 잘 나타난다. 이런 형태의 상담자에게, 내담자는 단지 병들고 신경증적인 사람인 것이다. 상담자의 패러다임에서는 그가 옳으며, 내담자들이 유기체적으로 또는 기적적으로 변하기를 기다린다. 이런 것에 대하여 자각하지 못하는 상담자는, 학파를 불문하고, 자신이 옳다고 믿으면서 관계의 커다란 함정에 빠지게 된다.

이러한 믿음은, 상담자가 작업 중에 내담자가 커플이나 가족 중에서 가장 잘 발전할 사람이라고 믿거나, 갈등에서 어느 한쪽의 편을 들어줄 경우에, 상담자의 작업에 영향을 미치게 된다. 그리고 상담자가 작업하는 커플이나 가족 중 한 구성원이 다른 사람보다 더 낫다고 생각할 때마다, 그리고 다른 구성원에 대항하여 어떤 한 구성원과 연합을 하도록 유혹받을 때마다, 이러한 과정은 내담자 개인이나 그 가족에게 불공평한 것이다. 연합은 너무도 흔히 일어나기 때문에 거의 깨닫지 못한다. 이것이 종종 개인상담이 관계의 파멸로 이끌었던 이유 중 하나다.

개인 중심의 심리상담 모델은 확장, 새로운 태도와 재평가를 필요로 한다. 그것은 다른 모델, 즉 개인 중심 상담의 음영, 그리고 집단, 가족, 공동체 개념에 대한 상대화 작업이 필요하다. 집단, 가족, 공동체 중심의 상담만으로는 개인적 의식을 희생하며 관계를 강조하고, 또한 개인 중심 상담만으로는 사람들 사이에 일어나는 과정을 무시한다. 이러한 이유로, 훌륭한 가족상담자는 개인과 작업하는 것도 편안하게 잘할 수 있는 상담자이며, 가장 좋은 개인상담자는 집단 환경과도 작업함으로써 따뜻한 마음과 인식을 발전시키는 상담자다. 이러한 방법은 상담자가 개인을 벗어나 환경, 즉 배경을 볼 수 있게 만들며, 편을 드는 경향성에서 자유롭고, 제삼자 관점을 잃지 않도록 해 준다.

열 가지 지침

심리학이 어떻게 그리고 왜 관계를 위한 여러 가지 계율들을 제안하는 일련의 프로그램이 되어 버렸는지 상상하기는 어렵지 않다. 한 프로그램은 개인의 알아차림을 증진시켜 사랑의 어려운 점들을 해결하지만, 둘 또는 더 많은 사람이 상담실에 함께 앉아 있을 때 나타나는 직접적 의사소통 패턴을 고려하는 것에는 실패한다. 명상법은 또 다른 프로그램이다. 그것은 분노와 공격성의 억제와 철회를 권장한다. 또 다른 방법은 어린아이 같은 언동과 감정을 금지할 것을 추천한다. 교류분석은 "제발 어린아이 같은 행동, 책략이나, 불평, 폭력을 사용하지 마시오."라고 말한다. 최근 새로운 의사소통 기법을 사용하는 상담자들은 갑작스런 감정의 폭발을 금지하기도 하고, 관계에는 어두운 그림자가 없어야만 한다고 강조하기도 한다.

참만남(Encounter) 방법은 내담자가 자신이 느끼는 어떠한 것도 그것에 관해 오랫동안 참지 말고 표현하도록 격려한다. 프리츠 펄스(Fritz Perls)의 게슈탈트 상담은 개인이 지구의 중심이라는 패러다임에 기초를 둔 것이었다. 이러한 개인 중심 모델에 대한 과장은, 지난 2만 년 동안 공동체와 생존을 위해 개인성을 희생해야만 했던 경향성에 대한 거대한 보상으로서 이해될 수 있다.

개인상담 패러다임의 실패

개인에게 두는 일방적인 초점은 득이 되는 만큼 해가 될 수도 있다. 이러한 일방성의 위험에 대한 예들은 상담 중에 많이 일어난다. 예를 들어, 정신분열증 내담자를 하나의 단위로 고려하는 것은, 정신분열적 행동이 주변 환경을 너무나 강하게 방해하기 때문에, 뉴턴의 고전 물리학을 양자 입자에 퇴행해서 적용하는 것과 같다. 이러한 적용은 입자가 존재하고 있는 장(場)의 발현으로서의 입자를 무시하는 것이기 때문이다. 또한 범죄적 성질이 있고, 도덕 관념이 없는, 반사회적 행동과 같은, 소위 정신 병리적 상태는, 바로 그것에 대한 정의만으로도, 그것이 일어나는 장과 직접 연결되어 있는 상태다. 이에 대응하는 장에 대한 고려 없이 이러한 행동을 이해하려는 어떠한 시도도 일방적인 것에 불과한 것이다. 개인 모델의 약점에 대한 좀 더 일반적인 예는 소아과 상담에서 발견된다. 나는 가족 전체와 상담한 후에 아동들의 문제가 사라지는 것을 보아 왔다. 20세기 초에 이미 프로이트는 부모와 자녀 관계의 중요성에 대해 인식했다. 따라서 융은, 문제가 되는 아이를 다루기보다는 대신 문제아의 부모들과 작업하는 것이 유용하다는 것을 지적했다. 오늘날 많은 상담자들이 놀이 기술과 과정지향 작업을 통해 아이들과 직접 작업을 하고 있다. 그럼에도 불구하고, 식욕부진과 소아 정신분열증의 원인뿐만 아니라, 아동의 질병과 가족 상황 사이의 상호작용은 아직도 잘 알려지지 않고 있다.

동시성은 개인적 초점이 충분히 설득하지 못하는 또 다른 분야다. 나는 자신의 언니가 수술을 받고 있는 똑같은 부위를 아파하는 여자를 목격했었다. 실제로 그녀의 통증은 그녀의 언니가 수술을 받고 있던 바로 그 순간에 발생했다. 그러나 그녀는 언니의 수술 상황에 대해 사전에 알고 있지 않았다. 이러한 현상은 개인 패러다임만으로는 설명할 수 없다.

정신분석자의 가족에 대한 이해 성향

정신분석자인 상담자는 어린아이의 신경증의 원인을 부모와 자녀 간의 관계에서 찾고 아이의 상태에 대해 부모들에게 책임이 있다고 하였다. 융은, 많은 내담자들이 내담자 자신의 유년 시절에 대해 실제로 현실적이지는 않지만 원형(原型)적인 환상을 갖고 있었다는 것을 관찰함으로써 이러한 인과적 견해를 포기하는 데 있어서 선구자 역할을 하였다. 융은 아이들 주변환경에 있는 어른들에게 성숙할 것을 요구함으로써 자주 아이들의 문제를 해결하였다. 프로이트와 융의 이론으로부터 나온 분석적 사고 학파는 오늘날 아동을 하나의 개별적 단위로 보고, 아동심리에 맞춰진 놀이 기술을 개발하였다. 따라서 이러한 분석학파는 부모-자녀 간의 인과적 견해를 포기했기에, 부모-자녀 시스템이나 가족 구성원 사이의 의사소통 시스템에 관해서 직접적으로 다루지는 않는다.

가족상담자

가족상담자는 가족 전체를 하나의 단위로 본다. 원칙적으로, 상담자는 오직 아이나 부모에만 초점을 두는 것이 아니고 오히려 그들 사이에 존재하는 장(場)이나 의사소통 시스템에 초점을 맞춘다. 이러한 패러다임의 유용성은, 가족의 구성원이 주어진 가족적 분위기 안에서 더 잘 지낼 수 있다는 것을 배운다는 것이다. 그러나 이러한 모델의 독점적인 응용은 개인에 대한 통찰의 부족을 초래하게 된다. 그 결과, 이것은 두 종류의 상담자(개인상담자 및 가족상담자)를 피상적인 경험으로 이끌게 된다. 가족상담자는 보통 개인적 문제를 따로 분리하여 다루지 않으므로, 변화의 한가운데 있는 개인은 어쩔 수 없이 상담자를 교체해야만 한다.

이러한 단점에도 불구하고, 가족상담자는 우리들의 사고에 놀랍고도 다소 방해가 되는 변혁을 가져오기도 하였다. 우리는, 우리에게 일어나는 것이 우리 개성의 산물만이 아니라는 것을 인정해야만 한다. 우리는, 좋든 나쁘든, 우리 모두가 살고 있는 세계, 국가, 집단에 의해 강력한 영향을 받고 있다. 우리는 우주의 중심이기도 하고 중심이 아니기도 하다. 우리는 우리가 스스로의 지성을 가지고 있을 수도 있는 조직의 부분이라는 것을 알게 된다. 어떤 사람에게 이러한 발견은 실망을 줄 수도 있고, 다른 사람에게는 안도감을 줄 수도 있다. 지구 자체에 대한, 이러한 통찰은 지구상의 삶과 죽음의 문제라는 결론을 이끌 수도 있다.

다시 시작함

역사적 배경에 대한 이 간략한 고찰은, 개인과 집단 모두를 하나의 유기적 과정으로 보기 위한 심리상담의 기본적 가설 중 일부를 재형성하도록 요구하고 있다. 그러한 요구는 우리 주위에서 가장 가까이 있는 환경에 개인적 신체 증상, 꿈, 개인적 성장 및 세계의 상황을 연결하는 방법을 찾는 것이다. 유용한 목표는, 어느 한 순간에는 개인 심리에 중심을 두고 다음 순간에는 글로벌 상황에 과정을 연결하면서 그들의 초점이 변하는 대로 개인이나 집단의 과정을 따라갈 수 있도록 해 주는 개념과 도구들을 개발하는 것이다. 우리는 관계를 펼치고 모든 삶을 조직하는 심층구조와 순간적인 패턴 모두를 인식할 수 있는 우리의 능력을 발달시켜야만 한다.

CHAPTER

03

국소적 정보 과정과 작업하기

CHAPTER

03 국소적 정보 과정과 작업하기

한 개인과 그의 공동체에 대한 관계를 연구하는 것에는 여러 가지 방법이 있다. 가장 일반적인 것은 개인과 공동체 모두를 부분들의 집합으로 보는 것이다. 그러나 개인이든 집단이든, 어떠한 인간 단위라도, 모든 개별적 부분들과 그 과정의 합으로서뿐만 아니라, 이러한 부분들의 상호작용으로 이해될 수 있다. 단순화를 위하여, 우리는 인간을 상호작용하는 부분들의 장(場)으로 생각할 수 있다.

국소적 인과성

다양한 연결 원칙들이 사람과 집단의 행동을 설명하는 데 사용되어 왔다. 가장 일반적이고 널리 알려진 것이 국소적 인과성의 원칙이다. 이 방법에 의하면, 우리가 말하고 행동하는 모든 것은 우리 스스로의 구성에 의하거나, 또는 다른 사람의 행동, 비평 또는 반응에 의해 발생한다는 것이다. 대부분의 심리학적 사고는 이러한 패러다임에 기초하고 있다.

장(場) 이론

또 다른 견해에서는, 부분이나 사람 사이의 상호작용이 이들 모두가 관련된 일반적인 패턴의 발현으로서 나타난다. 이러한 모델에 의하면, 구성원 중 어느 누구에게도 비난이나 책임은 주어지지 않는다. 대신 지배하는 전반적인 상황에 역점이 주어진다. 이러한 관점은 메시지의 발신자와 수신자를 결정하기 어렵거나, 불가능한 상황을 다룰 때 특히 유용하다. 개인의 중요성은 감소하지만, 그 개인은 소속된 부분들이 더 이상 분간될 수 없는 장(場)의 발현이 된다. 이 장(章)에서 나는 주로 인과적 의사소통 과정에 관심을 두고 있다. 다음 장(章)에서는 장(場) 이론, 동시적 패턴을 다루고, 그리고 서로 다른 과정과 원리들이 어떻게 연결되는지를 살펴볼 것이다.

투사

개인중심 심리학은 많은 인과적 요인들을 포함하고 있다. 이것은 어떤 특정한 신호가 한 사람으로부터 시작하여 다른 사람에게로 이동한다는 원리에 근거한 것이다. 첫 번째 신호자는 그의 메시지에 대한 모든 책임을 질 수 있고 또 져야 한다. 개인중심 관점은 어느 한 커플의 문제를 그중 한 개인으로부터 나오는 신호와 연관 짓는다. 예를 들어, 한 남자가 나에게 그의 부인에 대해 얘기한다면, 개인중심 상담자로서, 그가 말한 것은 사실이라고 생각하지만 또한 그것은 자기 자신에 대한 묘사라고도 생각한다. 만일 그가 큰 목소리로 자기 부인의 공격성에 질렸다고 말한다면 나는 그가 가장하고 있다는 것을 알 수 있다. 그의 부인이 다루기 힘든 사람일지는 몰라도 그가 그녀에 대해 불평하고 있는 것과 똑같은 성향을 그가 보여 주고 있기 때문에, 나는 그가 분명히 무엇인가를 그녀에게 '투사'하고 있다고 가정할 것이다.

콤플렉스와 꿈

융은, 이 남자가 감정이 섞인 보속증(perseveration: 새로운 자극이 주어졌는데도 이전의 자극에 집착하는 증세), 또는 멈추지 않고 계속되는 감정인 '콤플렉스' 안에 있다고 말할 것이다. 만일 우리가 그의 꿈을 들여다본다면, 우리는 그의 '아내' 콤플렉스가 그의 꿈을 조각한다는 것을 볼 수 있을 것이다. 그의 꿈 전체는 어떤 면에서는 그녀에 관한 것이다. 융은 아마 이 남자의 아니마(anima: 남성 속에 있는 여성성), 즉 그의 여성적인 부분이 도움과 이해를 필요로 한다고 말할 것이다.

투사와 신호

의사소통 이론의 관점에서 투사를 살펴보자. 이 사례의 남자는 지정된 수신자가 메시지를 알아들었다고 주장해도 똑같은 메시지를 계속해서 보내면서 괴로워하는 발신자와 흡사하다. 내가 상담자로서 그의 말, 그의 언어적 메시지를 듣고, 그의 아내가 대하기 어려운 사람임에 틀림없다는 것을 믿는다고 가정하자. 그러나 그가 자신의 의견을 반복함으로써, 나는 곧 어디선가, 어떤 이유로든, 누군가가 메시지를 받지 못했다는 결론에 도달하게 된다. 만일 주의 깊게 들어 본다면, 나는 그가 동시에 두 메시지를 보내고 있다는 것을 알게 된다. 하나는 메시지 내용, 즉 그의 아내가 고약하다는 것이고 다른 하나는 나를 괴롭게 만드는 그의 시끄러운 목소리다. 나는 이 시끄러움을 어떻게 다루어야 할지 모르겠다. 그가 정말로 불행하다면, 그는 슬프게 말하겠지만, 그러나 그가 너무나 시끄럽기 때문에 옳든 틀리든 상관없이, 그 또한 공격적이라고 가정한다.

이중신호와 1차, 2차 메시지

그의 1차 메시지는 그가 우리에게 보내려고 의도한 것으로서, 그의 아내가 고약한 여자라는 것이다. 그의 시끄러운 목소리에 담겨 있는 2차 메시지는 그 역시 매우 화가 났다는 것이다. 1차 메시지와 2차 메시지가 서로 다른 정보를 전할 때 이것을 이중신호라 부른다.

동시에 두 개의 서로 다른 메시지를 듣는 것은 우리가 그 메시지를 발신자와 관계시키는 것과 그의 메시지 중 어느 하나라도 명확하게 이해하는 것을 어렵게 한다. 이중신호는 우리를 혼란시킨다. 우리는 이 남자의 메시지 내용은 믿지만, 또한 우리가 그의 화난 목소리에 담긴 공격성을 느끼기 때문에 이 남자를 싫어한다. 문제는 그가 자기 목소리의 어조를 듣지 못한다는 것이며, 그가 자신의 시끄러움과 고약함의 투사를 인식하지 못한다는 것이다.

이중신호와 꿈

의사소통 이론에서 이중신호는 분석심리의 콤플렉스와 연결되어 있고, 그리고 그 콤플렉스는 꿈과 연결되어 있다. 그래서 꿈과 꿈속에 나오는 인물이 실제로 이중신호를 보내는 장본인들이다. 무의식은 투사, 콤플렉스, 꿈, 관계 문제 그리고 또한 2차 메시지를 통해 스스로를 나타낸다. 2차 메시지는 모든 무의식적 행동, 움직임, 소음, 어조, 신체 표현 등을 통해 나타난다.

세미나의 한 참석자로, 내가 어려움을 겪었던 사람의 예를 들어보자. 내가 그녀에게 우리가 문제를 해결할 수 있을 것이라고 생각하는지 물어보자 그녀는 "네."라고 말하면서 동시에 머리를 저어 주면서 "아니요."라는 표시를 나타냈다. 내가 그녀에게 "당신은 머리를 저으며 아니라고 했어요."라고 말하자 그녀는 단호히 부인했다. 그녀는 자기의 이중신호를 전혀 알아차리지 못하고 있었다. 그녀의 1차 의도는 우리의 문제를 해결하려는 것이었지만, 그녀의 2차 메시지는 "아니요." 였다.

그녀의 최근 꿈에 대해 물었을 때, 그녀는 자기 생각대로만 하고 다른 어느 누구도 수용하지 않는 아주 강한 남자를 꿈꾸었다고 말했다. 그녀에 관한 한, 그녀는 나를 수용하고 우리의 문제를 해결하고 싶었다고 말하지만, 이중신호 속의 그녀의 2차 메시지는 "아니요." 라고 말하는 수용하지 않는 꿈속의 인물이었다. 꿈속의 남자는 화해보다는 갈등을 더 원했다. 그러나 그녀 스스로 맞서기에는, 즉 자신의 생각대로 우리의 문제를 해결하기에는 충분히 강하지 않다고 느꼈기 때문에, 수용하지 않겠다는 2차 메시지를 보냈으며, 결국은 관계 갈등에 있는 자신을 발견하게 되었다.

그녀는 내가 고집이 세고 잘 수용하지 않는 사람이라고 느꼈다. 그녀가 그러한 인물을 꿈꾸었기 때문에, 우리는 그녀가 자신이 아직 알지 못하는 자신의 한 부분을 나에게 투사하고 있다고 가정해야만 했다. 투사는 자기 꿈속 인물의 거울상(像)인 누군가에 대한 가장(假裝)이다. 잠시 이것에 대해 생각해 보자. 의사소통 관점에서 보면, 그 여자는 자기 자신의 이중신호를 알아차리지 못한 채 다른 사람들이 도리어 수용하지 않는다고 생각한다. 그녀가 이중으로 신호를 보내는 것은 바로 나에게 투사하는 것이며 그녀가 꿈꾸는 것들이다.

이중신호의 지혜

우리는 이런 것으로부터 꿈속의 인물들이 스스로의 사고와 지성을 가지고 있다는 흥미로운 사실을 발견할 수 있다. 꿈속의 인물은 바디워크, 드림바디 워크, 적극적 상상, 게슈탈트의 핫 시트(hot-sit: 여러 사람 앞에 나와서 작업하는 자리), 또는 사이코드라마와 같은 다양한 종류의 심리 작업을 통해서 이것을 보여 줄 수도 있다. 이것들은 신체 증상(사자는 지끈거리는 두통일 수 있다)과 환상(예를 들면, 성적인 생각) 등에서 선명하게 드러난다.

오래전에 융은 꿈속 인물들이 콤플렉스의 중심이고, 그리고 분열된 정신(splinter psyche)으로서, 콤플렉스가 스스로의 지성을 가지고 있다는 것을 알아냈다. 이 지성은 어느 개인의 이중신호가 드림바디 작업에서 증폭될 때 관찰될 수 있다. 꿈속 인물들이 이중신호에 나타나기 때문에, 우리는 또한 모든 이중신호가 특정 꿈속 인물의 지성을 소유하고 있다고 말할 수 있다. 이중신호의 지성을 발견하는 것은 관련된 개인에게는 아주 충격적이다. 이것은 보통 그 당시 그 개인이 인정할 수 있는 것보다 더 많은 것을 내포하고 있기 때문이다. 우리가 알아온 것과 같이, 이중신호의 이면에 있는 분열된 지성은 개인이 알아차리지 못할 뿐만 아니라 동의할 수도 없는 메시지를 가지고 있기도 한다.

뒷담화와 당신 신체의 관계

꿈속 인물의 투사는 또한 자신이 모르는 신체 부분의 투사다. 만일 당신이 같이 있지 않는 제삼자에 대해서 누구와 계속해서 이야기한다면, 그 제삼자는 당신의 이중신호 속에 존재하고 또한 발견될 수 있다. 우리의 첫 번째 사례에서는 그의 시끄러운 목소리를 통하여 이 남자의 공격적인 아내를 찾아볼 수 있고, 두 번째 사례에서는 "예." 하면서 동시에 머리를 흔들며 수용하지 않는 그 여자에게서 '아니(Arny: 저자의 애칭)'를 찾아볼 수 있다. 따라서 당신은 자신의 꿈을 연구하거나 자신의 신체 작업을 통하여, 그리고 파트너와 함께 자신의 이중신호에 대해 작업하거나 또는 단순히 당신 자신이 하는 뒷담화를 통하여, 자신의 무의식을 개별화, 즉 의식하게 될 것이다.

이중신호와 작업하기

이제 이중신호를 살펴보자. 이중신호는 인간의 전체 의사소통 과정에 속해 있기 때문에 이러한 무의식을 의식화하려는 시도에서는 관계를 명확하게 해 주고 개선시켜 주는 많은 상황이 발생한다.

이중신호가 나타나는 곳

이러한 무의식적인 신호와 작업하는 것에 흥미를 갖고 있는 상담자로서, 우리는 이중신호들이 종종 빠르게 일어나는 신체 동작들(손짓, 발짓 같은 몸동작), 방에서 앉은 위치, 사람들이 향하고 있는 방향, 말할 때 어조, 낄낄거리며 웃는 것, 숨 쉬는 소리, 그리고 횡설수설하는 문장에서조차 나타난다는 것을 알 필요가 있다. 우리는 거의 항상 이러한 신호들을 비의도적으로 만들어 낸다(그러나 최면술사는 예외다).

이중신호가 나타나는 때

우리가 알아야만 할 두 번째 것은 이중신호가 자주 오해와 반복되는 대화의 근원이 된다는 것이다. 이중신호는 비의도적이기 때문에, 그들의 메시지는 결코 스스로를 완성하지 못한다. 따라서 이중신호는 의사소통 과정에서 모든 사람들을 혼란스럽게 만드는 미완성의 단어들이나 문장으로 나타난다. 이중신호들은 마치 분열된 성격의 사람들이 애써 말을 하려는 것과 같다.

존중

중요한 질문은 "이런 신호들을 어떻게 알아차리는가?" 다. 당연히 이것은 상황에 따라 다르며 또한 상담자의 창의성에 달려 있다. 이중신호를 작업하는 데는 존중이 많이 요구된다. 이중신호를 보낸다고 누군가를 비난해서 좋을 것이 없다. 중요한 것은, 사람들은 이중신호를 보내거나 콤플렉스를 가지고 있다고 비난받는 것을 결코 좋아하지 않는다는 것이다. 이것은 도리어 그들을 방어적으로 만들고, 불신을 갖게 만든다. 그러나 더욱 중요한 것은, 아무도 고의적으로 이중신호를 보내지 않는다는 것이다. 밤에 꾸는 꿈이나 신체 증상처럼, 이중신호도 무의식적인 부분의 표출이다. 이것은 바로 그 순간에 우리가 접촉하지 않고 있는 우리 신체의 어느 한 부분에서 발산되는 신호다. 지난밤의 꿈에 대해 누군가를 '비난'하는 것은 어리석은 일인 것처럼, 상반되는 메시지를 보낸다고 누군가를 비난하는 것은 잘못된 것이다.

증폭

이중신호를 작업하는 데 가장 좋은 방법 중 하나는 그 사람에게 이중신호를 반복하고 증폭시키라고 요청하는 것이다. 나는 큰 목소리를 가진 남자에게 그의 목소리 볼륨을 증가시키고, 그것을 스스로 들어 보라고 요청할 수 있으며, 그다음에 그에게 그것이 어떻게 들렸는지, 무엇을 들었는지 물을 수 있다. 또는 머리를 흔드는 여자에게 흔드는 것을 반복하도록 요청하고, 그녀가 무엇을 그리고 누구에게 "아니요."라고 하는지를 알아낼 수도 있다.

금지

이중신호를 증폭시키는 또 다른 강력한 방법은, 역설적이지만 그것을 못하게 하는 것이다. 이중신호를 금지하는 것은 그 이면에 있는 자극과 충동을 증폭시키고, 그 의미를 신호를 보내는 자가 더 쉽게 알아차릴 수 있도록 한다. 누군가 소리치고 있는 사람에게 속삭이라고 요청하라. 그리고 속삭임으로써 금지되고 있는 것을 표현해 보도록 요청하라. 누군가 머리를 저으며 "아니요." 하는 사람에게 머리를 끄덕이며 "예."라고 하도록 요청하라. 그리고 그 사람에게 동의함으로써 방해하고 있는 메시지가 무엇인지를 찾아내라. 또는 손톱을 물어뜯고 있는 아이에게 손을 무릎에 얹고 얌전히 앉아 있으라고 요청해 보라. 그리고 그 애한테 손톱을 물어뜯지 않음으로써 그가 내면에 무엇을 감추고 있는지 물어보라. 증폭과 금지는 이중신호를 작업하는 두 가지 방법이다. 하나는 그 진폭을 증가시킴으로써 의미를 명확하게 해 주고, 다른 하나는 표현을 감소시킴으로써 신호를 보내고 싶은 충동을 증가시킨다.

반영

또는 이중신호를 다른 사람에게 반영하거나 실연해 보임으로써 그 이중신호를 알아차리게 하는 것도 가능하다. 이런 방법으로 각 개인은 자기 자신에게 반응할 기회를 얻는다. 내가 작업했던 한 아이는 끊임없이 손톱을 물어뜯는 습관이 있었다. 그래서 나도 손톱을 물어뜯기로 결정했다. 그 애가 나를 쳐다보더니 손톱을 물어뜯는 것을 멈추며 나한테 왜 그렇게 두려워하느냐고 물었다. 그것은 엄청난 결과였다. 그때부터 나는 그 애가 손톱을 물어뜯을 때마다 가지고 있는 두려움에 관해 말해 보라고 격려했다.

반영은 상담자 역할에서 관찰의 정확성을 상당히 요구하는 증폭의 한 방법이다. 상담자는 신체적 몸동작을 반복해야 할 뿐만 아니라 내담자와 똑같이 앉고 말해야 한다. 나이가 더 든 아이나 어른들은 자기의 모습이 제대로 반영될 때 자신이 보고 느끼는 것에 대하여 솔직하게 이야기해 준다.

대신 맡기

이중신호를 작업하는 또 다른 방법은 물리적으로 그 메시지에 개입하는 것이다. 어떤 여자가 내 소파에 앉아 손에 얼굴을 묻고, 자기 남편이 자기를 좀 더 지지해 줬으면 좋겠다고 내게 말했다. 이때 만약 내가 그녀의 손과 같이 떠받들어 주는 지지 자세를 해 주면, 그녀는 자신이 그동안 어떻게 자신의 머리를 지지하고 있었는지 알아차리게 된다. 따라서 그녀는 '메시지'를 알아차리고 스스로를 지지할 방법을 배우기 시작한다.

해석에 대하여

이중신호가 무엇을 의미하는지를 당신이 미리 안다고 짐작하지 않는 것이 중요하다. 이러한 이중신호의 메시지는 항상 변화하며 불확실하다. 신호들은 우리가 스스로의 콤플렉스를 투사하는 스크린과 같이 행동한다. 예를 들어, 나는 앞에서 언급했던 남자와 여자에게 각각 목소리와 흔드는 머리가 무엇을 의미하는지 그들에게 물어봤어야 했다. 오해는, 사람들이 스스로의 이중신호를 알아차리지 못하거나, 또는 수신자가 메시지의 내용을 이해했다고 짐작하지만 흔히 메시지의 내용을 잘못 이해하고 있기 때문에 발생한다.

우리는 마치 잉크반응 검사와 같이, 우리 자신의 심리를 이중신호의 애매함에 투사한다. 따라서 수신자와 발신자의 알아차림의 결여는 두 사람 다 자신들이 무엇에 대해 얘기하고 있는지도 모르면서 끝없는 대화를 하게 만든다. 그러한 대화에서, 기준은 대부분 두 사람의 알아차림 밖에 있는 것들로 이루어진다. 따라서 이중신호의 부조화와 불확정성을 인식하는 것이 중요하며, 당신이 그 이중신호의 의미를 알고 있다고 짐작하지 않는 것이 중요하다. 우리들은 겸허하게 이중신호를 증폭시키고 그것들이 스스로를 표현할 수 있는 공정한 기회를 주어야만 한다.

잘못된 해석의 사용

우리는 흔히 이중신호를 잘못 해석하기도 하기에, 도리어 잘못된 해석을 통하여 이중신호를 작업하는 것도 가능하다. 상담자는 이중신호를 잘못 해석함으로써 행동의 의미를 발견할 수 있다. 어느 사람이 낄낄거리며 웃고 있을 때 "당신은 행복하나요?" 하고 물어보면, 놀랍게도 대답은 "아니요, 난 정말 화가 나지만, 너무 부끄러워서 그걸 인정하지 못하고 있어요."라고 말할 수도 있다. 잘못된 해석은 특히 말이 많은 사람이거나 신체 증상을 두려워하는 사람들에게 유용하다. 예를 들어, 상담자가 뒤로 몸을 기대고 있는 노인에게 "당신이 몸을 뒤로 기대시는 것을 보니 피곤하시어 주무시고 싶은 것 같은데요."라고 말하면, 그 사람은 "아니요, 당신은 관찰력이 별로 없군요. 사실 난 여길 떠나고 싶어요!"라고 응답할 수도 있다.

시험하기

시험하기는 상담자의 관찰 능력에 좌우되는 방법이다. 이것은 신체적으로나 말로 할 수 있다. 상담자는 자기가 보고 듣는 것이 진정으로 의도된 것인지를 알아보기 위해 시험을 한다. 예를 들어, 한 내담자가 처음으로 나를 만나러 와서는 별 생각 없이 "많은 사람들은 심리학자를 만나러 오는 것을 좋아하지 않아요."라고 말한다면, 나는 "당신이 나를 만나러 오는 것을 싫어한다는 뜻입니까?"라고 물으면서 그를 시험해 볼 수 있다. 때때로 과거 시제는 이중신호다. 어떤 사람이 "나는 지난주에 오고 싶지 않았어요."라고 말할 때, 이 말의 의미는 그가 말하면서 문 가까이에 앉고 있는 것을 주목하게 되면 확장될 수 있다. 가능한 응답 하나는 "당신은 지금 여기 있고 싶지 않다는 뜻인가요?"라고 묻는 것이다. 어떤 경우에는 두 사람이 도움을 받기 위해 함께 나를 만나러 올 때도 있다. 하지만 그들은 자리에 앉자마자 격렬하게 싸우기 시작한다. 그럴 때 나는 슬그머니 그들에게서 멀어지거나 아예 상담실에서 나감으로써 이들이 "우리는 당신의 도움을 원합니다."라는 정보를 시험해 볼 수 있다. 하지만 그들이 이런 나의 의도를 알아차리지 못한다면, 그들은 아직 문제를 해결하고 싶어 하는 스스로의 경향성을 인식하지 못하고 있으며, 더구나 해결하기 위한 나의 도움도 필요하지 않다는 것을 확실히 알 수 있다.

인정하기

이중신호를 다루는 또 다른 방법은 이중신호가 만들어 내는 효과인 '비난'을 다루는 것이다. 비난을 받는 사람은 언제나 무엇인가에 대한 죄책감을 갖는다. 과정지향 작업에서, 비난과 죄책감의 모습은 종종 다음과 같다.

> 여자: 이 남자는 퇴근해서 집에 와서는, 결코 저와 이야기하지 않아요.
>
> 남자: 그것은 사실이 아닙니다. 당연히 저는 좀 피곤하지요. 하지만 나는 언제나 집에 오자마자 그녀에게 말을 겁니다.

그들이 서로 말할 때를 살펴보면, 그녀는 그를 정면으로 쳐다보고 말하지만, 그는 말을 하는 동안 자신의 몸을 나에게 향하고 있다. 이럴 때 나는 그가 앉아 있는 자세에 개입을 하거나, 아니면 그 자세를 증폭시키거나, 금하거나, 시험해 볼 수 있다. 하지만 비난을 다루는 것이 때로는 가장 쉬운 방법이다. 그래서 난 다음과 같이 권해 본다. "그녀가 하는 말이 사실이라고 인정해 보시지 그래요. 당신은 단지 집에 돌아왔을 그때뿐만 아니라 지금도 그렇네요. 지금 이 자리에서도 당신은 나를 향해 앉아 있고 그녀와는 얘기할 시간을 내지 않고 있네요!"

그는 잠시 멈칫하더니, 놀라면서 인정했다. "그래요. 사실입니다. 그녀가 날 여기로 끌고 왔어요. 난 오고 싶지 않았고, 이런 것에 대해 말하는 것도 싫습니다. 차라리 다른 것을 하는 것이 더 나아요." 결국 그녀가 옳았다. 비난은 보통 과거에 대한 것이다. 왜냐하면 비난하는 사람은 이것이 과거에 일어난 것만 인식하고 있기 때문이며, 또한 이중신호의 모습으로 지금 현재에도 일어나면서 아직도 신경을 거슬리고 있다는 것을 관찰하지 못하기 때문이다. 비난에 대해 흥미로운 점은, 그것이 과거에도 사실이 아니었고 현재에도 사실이 아닐지라도, 공격적인 비난은 그 자체가 비난하는 것을 만들어 내기 때문에 현재에 그것이 사실이 되어 버리는 경향이 있다는 것이다.

예를 들어, "당신은 날 결코 사랑하지 않았어요!"라고 화를 내며 말하는 것은 사랑이 없는 상황을 만들 것이다. 따라서 지금 이 순간에 어떻게, 어느 부분에서 그 비난이 사실인가를 보고, 그리고 그것을 인정함으로써 많은 시간을 절약할 수 있다. 예를 들어, 사람들은 "사실이야. 당신은 지금 슬퍼하는 것이 아니라 화를 내고 있기 때문에 난 지금 당신을 사랑하지 않아."라고 인정할 수도 있다. '비난'은 보통 부인된다. 왜냐하면 비난은 '분노'와 같은 이중신호를 다루기 때문인데, 그러한 이중신호는 비난하는 사람이 의식하지 못하는 바로 그러한 정보다. 그러나 '경계(edge)'는 이중신호의 알아차림에 방해가 된다. 그러한 경계가 크면, 나는 강요하지 않는다. 단지 그 순간에 그것이 일어나는 것을 지적함으로써 그것이 사실일 수도 있다는 것을 부드럽게 제안할 뿐이다.

연기하기

놀이 연기(演技)는 매우 고통스러운 문제들과 연관된 이중신호를 의식으로 끌어내는 방법으로 사용할 수 있다. 나는 상담하러 오기 전날 밤에 격렬하게 말싸움을 한 부부를 기억한다. 대화 중에 그는 나를 돌아보고 입을 삐죽거리며 말했다. "당신은 그녀가 나에게 고함지를 때 내가 무엇을 했는지 아십니까? 나는 너무 화가 났고 참을 수 없어, 일어나서 방 밖으로 나가 문을 힘차게 닫았습니다."

나는 "당신은 상처를 받고 마음이 상해서 나갔다는 말입니까?"라고 묻자, "아니요. 나는 단지 화가 났을 뿐입니다."라고 단호하게 반복했다. 나는 그의 삐죽거림을 강조하는 것을 제대로 하지 못했음을 깨달았고, 따라서 나는 연기를 하기로 했다. 나는 다음과 같이 말하면서 그를 시험해 보았다. "나는 이것이 내가 당신에게서 보는 것이라고 생각하는데, 잘 보고 이것이 사실인지 아닌지 나에게 말해 주세요." 그런 다음 나는 그의 얼굴에서 본 것을 과장되게 연기했다. 나는 마음이 상하고 삐죽거리는 어린애처럼, 문으로 걸어가면서 그의 삐죽거림을 과장되게 강조하면서 연기했다. 나는 머리를 한쪽으로 돌리고 코를 들고 입술 양쪽 끝을 당긴 채, "나는 상처를 받았어. 그러나 나는 그것을 보여 주고 싶지 않아. 대신 나는 나가서 더 이상 이야기하지 않을 거야. 그러면 당신도 놀라게 되고 죄책감을 느껴 나를 찾기 바라. 내가 정말로 원하는 것은 당신이 죄책감을 느낄 수 있게 하는 것이지만, 난 그걸 인정하지 않을 거야. 하지만 내가 그걸 인정하고 싶지 않더라도 난 당신에게 상처를 주고 싶고, 하지만 또한 당신을 사랑하고 또 사실은 당신이 필요해. 당신은 나에게 이 세상에서 가장 중요한 사람이야. 그러니까 거기 있어 줘."

나의 연기는 완벽했다. 그는 웃음을 터뜨리더니, 결국은 당혹스럽게 울었다. 그리고 모두가 사실이라고 말했다. 그는 자신감을 가지고, 용기를 모아 그녀에게 직접적으로 말했다. "나는 진실로 당신이 필요해요. 당신을 사랑하면서도 이렇게 싸우는 것은 너무나 싫어요. 나는 당신이 내게 좀 더 친절하게 대해 주기를 바라요. 내가 소외감과 체념으로부터 벗어나기 위해서는 진정 당신이 필요해요. 제발, 도와줘요." 여기에서는 연기하는 것이 그들에게 정말로 필요했던 것이다. 이렇게 연기를 하는 것이 그에게는 상처를 극복하도록 도와주고, 그녀에게는 자존심에도 불구하고 마음을 열고 그를 얼마나 사랑하는지 인정할 수 있도록 도와주었다.

과거 이야기와 이중신호

특정한 시간대나 사람들에 있어 '현재'에서 스스로 모습을 드러내는 무의식에 관해 작업하는 것이 옳지 않은 경우도 있다. 이런 사람들은 그들의 이중신호에 집중하는 것을 원하지 않는다. 그들은 오직 그들이 말하는 것에만 흥미가 있을 뿐이다. 그들은 상담자가 그들의 알아차림 밖에서 발생하는 무엇인가를 지적할 때 대부분 분노하게 된다. 그들은 당신에게 파트너 또는 상담자로서 직접적으로 집중해야 할 필요가 있거나, 자신의 과거 이야기를 당신에게 이야기할 필요가 있는 경우다.

상담자들은 내담자가 상담자보다 자기 자신의 과정에 대하여 더 많이 알고 있다는 것과, 상담자들이 무의식적인 내용을 끄집어내는 것 또는 이중신호를 직접적으로 작업하는 것으로부터 상투적인 것을 만들지 않도록 조심하는 것을 깨닫는 것이 매우 중요하다. 더구나, 내담자가 집중하는 것이 무엇이든지 간에, 그러한 집중에는 항상 메시지가 있다. 예를 들어, 많은 사람들, 특히 나이가 든 사람들은 같은 이야기를 여러 번 반복할 것이다. 왜냐하면 그들은 오늘날까지도 그들에게 이 이야기가 얼마만큼 사실인지 깨닫지 못하기 때문이다. 또 다른 이유는, 그들은 그것에 대한 스스로의 반응을 알아차리지 못하고 있으며, 이러한 반응들은 그들의 이중신호에서 불가피하게 다시 나타나기 때문이다.

이야기는 이중신호의 작업을 위한 방법일 수 있다. 그리고 반대로, 이중신호에 대한 작업은 과거에 대하여 작업하는 방법이 될 수 있다. 예를 들어 보자. 최근 한 남자가 나를 보러 와서는, 우울증으로 고생해 왔다고 말했다. 동시에 그는 또한 아무것도 잘못된 것은 없으나, 단지 우울해지고 싶지 않다고 주장했다.

그는 그의 우울증을 조사하기 위한 나의 모든 시도에 저항하였고, 그의 낮고 느린 어조(語調)에 대한 작업도 거부했다. 그래서 나는 자신에 관해 말해 줄 것을 요청하였다. 그는 최근에 '힘들게' 일해 왔으며, 자신의 할아버지에 대해 생각해 왔다는 것을 언급했다. 나는 그에게 할아버지에 대해 더 이야기하도록 요청하였다. 그는 자신의 할아버지가 자기를 자주 때렸었는데, 할아버지가 계속 때리면 자신이(내담자가) 자신의 팔을 잘라 버리겠다고 경고했었다고 당혹스러운 웃음과 더불어 말했다.

"할아버지는 정말 거칠었습니다."라고 그는 말했으나, 나는 허점을 발견했다. 나는 그에게 할아버지에 대하여 말할 때 어떠한 감정을 잘라 내었는지 말해 보라고 요청하였다. "글쎄요, 별로 없어요." 그때 나는 그의 느리고 우울한 목소리에서 들을 수 있었던 슬픔을 연기해 내면서, 내가 연기한 이러한 슬픔이 그에게 사실인지 물었다. 그는 오래 망설이다가 마침내 울음을 터뜨리며 그의 어린 시절의 고통스러웠던 많은 이야기들을 하였다.

울고 난 후에 그는 기분이 좀 나아진 것을 느꼈다. 이것은 오랜 기간 동안 그가 우울하지 않았던 첫 번째 순간이었다. 그의 과정은 만일 불행한 감정에 저항한다면, 불행은 불행을 초래하는 대상을 향한 분노와 불행의 혼합물인 우울증의 형태로 모든 것을 삼킬 수 있다는 규칙을 보여 주었다.

나는 내담자의 우울증 신호가 그러한 이야기를 먼저 듣지 않고는 직접적으로 작업될 수 없다는 것을 설명하기 위해서 이 이야기를 언급하였다. 그는 현실에서 '빠져나오는' 것이 필요했고, 그의 이중신호를 작업하지 않는 것이 필요했다. 그는 먼저 과거로, 그의 원가족에게로, 동화이야기 섬으로 돌아가야만 했다. 그의 우울증 형태는 현재의 상황으로부터 완벽하게 보호되고 방해받지 않는 그의 기억에 저장되어 있었다. 그러한 과거가 내담자에게는 실제였다는 것이 중요하다. '과거' 사건들의 일부는 매우 두려운 것이어서 그것들은 분열되어 있다. 그것들은 의식적인 마음에는 너무나 큰 충격이 되기 때문에 내담자에게는 비밀스러운 성격 특성이 된다. 그러나 과거 기억들은 항상 신체 안에 현재로 존재한다. 왜냐하면 이중신호, 만성적 신체 자세, 안면경련, 증상과 몸짓 등은 개인이 과거에도 가지고 있지 않았고 지금도 가지고 있지 않은 현재 행동에 대한 반응들을 나타내기 때문이다. 우리의 사례에서, 그 남자는 의식적으로 그의 할아버지의 잔인성 또는 자기 자신의 '일의 어려움'에 대해 슬픔으로 반응하지 않았다.

이중신호를 작업하는 데는 다른 방법들이 많이 있다. 이 책에서는 무의식적인 뭔가를 찾아내는 다른 여러 방법들을 적당한 때에 논의할 것이다. 각 개인이 긍정적으로 반응할 수 있는 무의식을 다룰 수 있는 특별하고 창의적인 방법을 찾는 것이 중요하다. 일반적인 규칙으로서, 신체지향 내담자들은 이중 신체 신호를 육체적으로 증폭하고 금지하는 것에 잘 반응할 것이다. 반면에 언어지향적인 내담자들은 적어도 우선, 비언어적 신호의 의미에 관해 설명적 추측과 같은 언어 접근 기술을 이용할 때 편안함을 더 느낄 수 있다.

CHAPTER

04

의사소통 구조

CHAPTER
04 의사소통 구조

나는 이전 장(章)에서 드림바디 이론, 의사소통 이론 그리고 심층 심리학을 함께 묶어 보려고 하였다. 신호, 이중신호, 1차 과정과 2차 과정, 꿈속의 인물, 분열된 정신, 투사 그리고 뒷담화는 인간적인 의사소통의 구조를 묘사하는 개념들이다. 의사소통 구조를 알면 상담자가 (그리고 내담자도) 내담자의 행동을 인식하는 데 도움이 된다. 누군가가 나에게 무엇을 해야 하느냐고 물을 때마다 나는 모른다고 말하거나, 이미 하고 있는 것을 하되 더 의식적으로 하라고 말 한다. 존재하지 않는 행동을 지시하는 것은 비효율적이고 불필요하고 어쩌면 위험할 수도 있다.

심층 심리학과 신호이론

의사소통 구조에 대한 논의를 시작하기 전에, 오늘날 신호이론이라는 것에 대해 프로이트나 융의 공헌을 간단히 살펴보는 것도 유용할 것이다. 나는 이미 2장에서 전이 현상에 대한 관계와 더불어 그들의 작업을 논의한 바 있다. 여기에서는 이중신호와 관련하여 그들의 발견에 대하여 연구해 보고자 한다.

프로이트

전이에서 나타나는 가장(假裝)에 관한 프로이트의 연구는 그의 내담자들이 본질적으로 억압된 정보를 의미하는 '잠재의식적인' 꿈에 대한 내용을 그에게 신호로 보냈다는 것을 보여 주었다. 프로이트는 내담자들의 어린아이 같이 유치한 신호들이 분석자가 마치 자신들의 부모와 같기를 바라는 무의식적인 요청이라는 점을 주목했다. 프로이트는 내담자의 전체 행동을 분석하고 그들에게 자신들이 유아적 행동을 억압하고 있을 수도 있다는 것을 알려 줌으로써 간접적으로 이런 신호들을 작업하였다.

신(新)프로이트학파는 프로이트의 분석 방법을 계속하였으며, 덧붙여 그들의 정신분석 대상자들에게 '통과'하라고, 즉 '전이 상황' 안에서 어린아이 같은 유치한 충동을 경험하고 말로 표현하라고 격려한다. 하지만 나는 이와 같은 모든 접근법이 옳다고 할 수 없기 때문에, 독자들에게 밀러(Miller)나 코헛(Kohut)의 저서를 읽어 보기를 권한다.

융

융의 무의식에 관한 연구는, 꿈에서 나타난 어떠한 무의식적 인물도 그 인물이 무의식적으로 남아 있는 한 관계를 방해할 수 있다는 것을 지적한다. 융은 많은 모습들을 확인하였으나, 남성과 여성의 심리 안에서 각각의 아니마(anima: 남성의 여성적 요소)와 아니무스(animus: 여성의 남성적 요소)에 관해 주로 언급하였다. 나는 융이 의사소통 개념들을 사용했더라면 그가 설명했을 것으로 믿는데, 아니무스는 여성이 사랑스럽고 수용적 특성과 같은 1차 과정만으로 동일시하는 동안 고집스러운 태도를 나타낼 때, 그 여성의 '이중신호'에서 보통 나타난다. 한 여성의 경직된 신체에서 아니무스가 나타나는 동안 그녀는 "만나서 정말 반갑습니다."라고 상냥하게 말할지도 모른다. 반면에 아니마는 남성의 행동에서 자주 변덕스러움으로 나타난다. 그는 "난 화가 나지 않았습니다."라고 말하면서도 아니마가 그의 목소리를 신경질적인 음조로 만들 수도 있다. 모욕을 당한 남자는 그것을 인정하지 않기에, 자신이 냉정하고 이성적이라고 주장하지만, 결국 그는 변덕스럽게 자리에서 일어나 그 장소를 떠나게 된다.

융학파는 그 남자가 '아니마' 안에 있다고 말할 것이다. 아니무스는 여성의 꿈에서 남성의 형태로 나타나는 반면, 아니마는 남성의 꿈속에 여성으로 나타난다.

융은 꿈꾸는 자와 같은 성(性)의 꿈속의 인물인, 그림자에 대해서도 언급하였다. 무의식적 그림자 모습의 이중신호는 의사소통을 어렵게 할 수 있음에도 융은 그림자를 의사소통 신호와 동일시하지는 않았다. 우리는 단지 이런 남성과 여성의 모습들이 어떻게 의사소통을 방해하는지 알아보기 위해서, 우리의 행동에 무의식적으로 영향을 주면서 꿈에서 서로 신호를 교환하는 남성과 여성의 모습만을 생각해 볼 필요가 있다.

융은 기술(記述)된 대화를 통해 메시지를 자아에 대해 펼치도록 허락함으로써 내담자가 꿈속의 인물들에 대해 혼자 집에서도 작업할 수 있는 '적극적인 상상'과, 내담자의 무의식적인 행동에 대한 직접 대면, 그리고 분석적인 해석의 조합을 통해 꿈속의 모습들을 연구했다. 이런 과정에서 꿈을 꾸는 사람은, 보통 기술을 통해서 이런 꿈의 형태들을 자세히 표현할 기회를 줌으로써 꿈속의 모습을 상상하게 되고 그 역할을 하게 된다.

그런 분석적인 작업의 가치는 아무리 강조해도 지나치지 않다. 왜냐하면 그런 상상과 해석, 이해를 통하여 각각의 꿈을 꾼 개인은 자아로부터 분리되어 왔고, 난해한 이중신호를 보내고 있는 자신의 부분을 만나고 통합하고 풀 수 있는 기회를 가지게 될 수 있기 때문이다. 우리가 이것으로부터 이끌어 낼 수 있는 하나의 결론은, 만약 사람들이 당신을 이해할 수 없다면, 당신 꿈속의 모습 중에 하나가 여전히 난해한 정보를 내보내고 있다는 가능성을 고려해야 한다는 것이다. 왜냐하면 당신이 아직도 그것을 제대로 인지하고 평가하지 않았기 때문이다.

개인 분석 이면의 함축적인 목표 하나는 의사소통의 어려움을 줄이는 것이었다. 그러나 개인 분석이 항상 이러한 성공적인 결과들을 발생하지 않는다는 사실은, 특정한 꿈속의 인물의 개인 무의식 외에도 의사소통을 방해하는 다른 요인들이 있다는 것을 의미한다. 그동안의 많은 임상 경험을 통하여, 이런 신호 이면의 인물이 발신자의 꿈에서도 나타나지 않았을 때, 자기 자신의 행동을 매우 잘 알고 있는 개인도 이중신호를 생성한다는 것을 알 수 있었다.

따라서 의사소통의 문제는 단지 개인 차원의 무의식 기능에 의한 것만은 아니다. 이러한 문제는 관계에서도 일어날 수 있다. 왜냐하면 이러한 관계 속의 파트너들이 어떻게 자신의 신호들이 상대방의 이중신호에 의해 일시적으로 발생될 수 있는지를 알지 못하기 때문이다.

의식과 무의식, 1차 그리고 2차

'의식'과 '무의식'이라는 개념은 개인적 차원의 작업에서는 유용하다는 것이 증명되었으나, 집단의 행동에 적용할 때는 좀 더 다듬어야 할 필요가 있다. 쓰레기에 관해 다투고 있는 커플의 전형적인 예를 살펴보자. 그녀가 "쓰레기를 치워요!"라고 소리치면, 그는 얼굴에 모욕 받고 성난 표정으로 "싫어요."라고 불평한다. 우리는 개인적인 관점에서, 만일 그녀가 성난 남자에 대해 꿈을 꾸었고, 그가 변덕스런 여성에 대해 꿈을 꾸었다면, 그녀는 아니무스에 있고, 그는 아니마에 있는 것이라고 말할 수 있다.

그녀의 소리 지르는 것과 그의 변덕스러움은 더 큰 알아차림을 필요로 하는 이중신호다. 그녀는 그녀의 분노에 대해 혼자 작업할 수 있고, 유용한 방법으로 그들의 대화 속으로 그것을 가져오는 것을 배울 수도 있으며, 그는 또한 자신의 변덕스러움을 조사해서, 더 완전한 방법으로 자신의 상처받은 감정을 표현하는 것을 배울 수도 있다.

그들이 보내려고 하는 신호를 '1차 과정'이라고 부르자. 이 1차 과정은 '쓰레기를 치워라'라는 정보를 전달한다. 비록 이렇게 의도된 신호들은 의식적이지 않은 2차 정보 자료들보다 더 알아차리기 쉽고, 의사소통자가 알아차리기도 더 쉽지만, 그것들은 무의식이다. 그래서 나는 '의식'이라는 개념이 사용되는 경우에 '1차(Primary)'를 사용할 것이다.

그러나 1차 과정이 무의식적인 이유는, 비록 이 커플이 자신들이 쓰레기에 대해서 말하고 있다는 것을 알면서도 싸움을 멈추거나 조절할 수가 없기 때문이다. 그들은 그들의 의도된 신호들을 지배하는 신념과 신화를 단지 막연하게 알고 있을 뿐이다. 누가 쓰레기를 치우는가 하는 것은 그들의 어린 시절, 문화, 종교를 통해 확장된 근원을 가지는 복잡한 문제들이다. 우리는 어떠한 어린 시절, 문화, 종교적인 체계가 쓰레기에 대한 다툼의 이면에 있는 신념을 형성하는지에 대해 조금 탐사해 볼 필요가 있다.

그의 변덕스러움과 그녀의 분노 사이의 배경적 분쟁, 의도적이지 않은 정보를, 나는 2차 과정이라고 부른다. 2차 정보는 파악이 더욱 어렵다. 그 남자와 여자는 그들이 쓰레기에 관해 논쟁하고 있다는 것을 인정할 수 있지만, 그 이면에 있는 분노와 변덕스러움을 (그들이 토론을 시작할 때) 인정하지는 못할 것이다. 인정과 관련하여 살펴

본다면, 그들은 훈련 없이는 이러한 신호들을 쉽게 처리하지 못할 것이다. 따라서 과정지향 작업에서, 의식이라는 개념은 알아차림을 의미하며, 무의식은 보통 1차와 2차 과정에서 알아차림의 결여를 의미한다.

빙산의 유추

예를 하나 들어 보자. 한 여성이 다른 여성에게 질투가 난다고 나에게 말하는데, 그녀의 얼굴에는 빠르게 미소가 지나갔다. 그녀의 미소는 무엇인가를 말하는 것처럼 보였으나, 나는 그 메시지를 이해하지 못했다. 나는 그것이 이중신호일 수도 있다고 생각했고 그래서 그녀에게 반복해 보라고 요청하였다. 나는 말했다 "당신의 미소에 관심이 있습니다. 이것은 승리의 미소이고, 그 미소에 대해 좀 더 알아보고 싶습니다." 그녀는 조금 당황했지만 그것을 반복했다. 이번에는 그녀가 당황스러웠기 때문에 미소를 짓는다고 말했다. 그녀는 질투를 해서는 절대 안 된다고 느끼고 있었다. 나는 그녀의 당황스러움과 미소를 증폭하도록 격려하였다. 그녀는 말했다. "이것은 마치 내가 질투하는 것을 부끄럽게 느끼도록 아버지가 나에게 벌을 준 것과 같네요. 아버지는 질투한다는 것은 유치한 것이라고 말했어요."

우리는 아버지와 딸 사이의 문제를 작업했는데, 그녀는 자신에게 질투와 같은 평범한 인간의 욕구와 감정에 대해 아버지가 끊임없이 죄책감을 느끼도록 만들었다는 것을 깨달았다. 그녀의 1차 과정은

'나는 질투한다.'는 것이었고 2차 과정은 '나는 감정적인 것이 창피하다.'였다. 이 두 가지는 다 그녀의 통제 밖에 있었다.

이 이야기의 요점은 그 작은 미소의 이면에 빙산이 있었다는 것이다. 또한 이중신호 이면에는 꿈이 있었다. 그녀는 아버지가 그녀의 어머니를 죽이려 하는 꿈을 꾸었다. 그는 항상 아내가 지나치게 신경질적이라고 생각했었다. 이 여성의 과정에서 내부의 인물인 아버지는 어머니의 감정이 표출되는 것을 허용하도록 변화했어야만 했다. 이 모든 것이 그녀의 미소 이면에서 발견되었다.

대립 속의 신화

이 여성의 과정은 다른 여성을 질투하는, 단순하게 확인된 문제가 아니었다. 그녀의 과정은 그것보다 더 복잡한 것이다. 그녀는 어떠한 종류의 정서를 갖는 것도 반대하는 2차 과정을 가지고 있으며, 그리고 이 과정은 그녀의 꿈에서 아버지로 상징화되었고, 그녀의 빠른 미소와 같은 이중신호로 일상생활에서 나타났다. 이러한 2차 과정은 처음에는 그녀의 알아차림 범위 바깥에 놓여 있는데, 이것은 전혀 의도적이지 않은 이야기 또는 신화로서, 다른 여성에 대한 그녀의 질투인 그녀의 1차 과정과 충돌하는 것이다. 즉, 우리는 충돌하는 신화적 과정에 대한 모든 단계다.

꿈꾸기

이제 우리는 의사소통에서 자주 발생하는 패턴인 꿈꾸기에 초점을 맞춰 보자. 투사와 꿈꾸기는 한 사람의 이중신호가 다른 사람의 신호에 대해 가질 수 있는 두 개의 가능한 관계를 설명한다. 잠시 나에게 "아니요."라고 머리를 저으며 "예."라고 말하던 앞에서의 여성을 생각해 보자. 그녀의 1차 과정은 '예. 나는 수용적인 사람입니다.'이지만 그녀의 2차 과정은 '아니요.'였다. 그녀는 자신의 1차 과정만을 동일시하고 있기 때문에 친절하게 웃었지만, 그녀의 부정적 머리 흔들기는 그녀를 내게 설득력이 없게 만들었다. 이러한 머리 흔들기는 무의식적으로 나를 교란시켰다. 사실, 나도 처음에는 내가 그녀에 의해 교란되었다는 것조차도 몰랐으며, 심지어 무엇이 나를 교란시키는지는 더욱 몰랐었다. 따라서 나는 무의식적으로 경직되고 자극되었다.

이런 경직된 반응은 말하자면 이중신호에 의한, 즉 그녀의 머리 흔들기에 의한 '꿈꾸기'였다. 그녀의 부정적인 머리 흔들기는 나에게 무의식적인 이중신호 반응을 야기하였고, 우리는 서로 이중신호를 보내기 시작했다. 이것은 우리가 서로를 자극하게 될 때까지 계속되었다. 대부분의 커플들은 애초부터 이런 자극을 받았다는 것조차 부정하면서, 자극을 더 오랫동안 지속한다. 우리는 양보하지 않는 남자에 대한 그녀의 꿈을 알아냄으로써, 비로소 그녀가 나를 꿈꾸기하고 간접적으로 내 안에서 정서를 만들었다고 말할 수 있다. 알고 보면 그녀는 양보하지 않았던 꿈속 인물을 내게 투사하기에 충분한 이유를 가지고 있었다.

관계에서 최면의 효과

우리가 꿈꾸기를 하게 되고 이중신호를 되돌려 보내는 이유는, 이중신호를 의식하지 못하기 때문이다. 실증적으로 말하자면, 일반적으로 대부분의 사람들은 어떤 사람의 1차 과정에 너무 매료되어 의도된 언어적 진술에만 주의를 집중한다. 그 결과 그들의 의도되지 않은 이중신호는 보지 못하고 마치 최면에 걸린 것처럼 보인다. 우리는 단지 의도된 메시지에만 초점을 맞추고, 마치 변형상태에 있는 것처럼 의도되지 않은 메시지를 걸러 낸다. 그러나 이러한 최면 변형상태는 결코 완벽하게 성공하지 못한다. 비록 우리는 사람들이 말하는 것에만 초점을 맞추려고 하지만, 그들이 행동하는 다른 모든 것들도 감지한다. 그러나 이러한 지각은 무의식적으로 발생한다. 우리는 그것들을 알아차리고 있다는 사실도 알지 못한다.

나의 경우, 그녀가 머리를 흔드는 것을 알아차리지 못했으며, 또한 왜 내가 그녀에게 자극을 받은 것처럼 반응을 했는지 알아차리지 못했다. 따라서 나의 자극은 의도하지 않은 것이 되었고 냉정을 유지하려는 나의 의도에서 벗어났다. 그래서 이것은 그녀에게 이중신호를 되돌려 보냈다. 우리는 의사소통의 두 가지 시스템을 발전시키는데, 하나는 의도적 또는 1차적인 것으로 나의 냉정함과 그녀의 수용적 특성이며, 또 다른 하나는 우리 둘 다 신호를 알아차림 없이 서로에게 반응하는 신호로 구성되어 있는 꿈꾸기와 같이 비의도적인 형식이다.

꿈꾸기는 대화의 초기에는 우리를 위한 2차 의사소통 과정이었다. 이것은 무의식적이고 의도하지 않은 것이다. 투사(수용적인 인물에 대한)는 1차 과정인데, 그녀는 내게 대항하는 그녀의 가장(假裝)과 동일시할 수 있으나, 아직 그것의 근원은 무의식적이다. 꿈꾸기와 투사는 우리가 커플의 의사소통 체계의 역학을 이해하는 것을 도우며, 그리고 개인적 차원의 책임 일부가 의사소통 문제에 놓여 있을 수 있다는 것을 파악하는 것을 돕는다.

내가 포용적이지 못한 남자에 대한 꿈을 꾸지 않는 상황에서, 나의 그녀에 대한 반응은 내 것의 투사가 아니라 그녀의 꿈과 이중신호에 의해 야기되는 반응인 것이다. 나의 순간적인 반응은 우리 관계의 본질 때문이다. 각각의 관계들은 사실 다른 곳에서는 나타날 필요가 없는 그 사람들만의 특별한 측면을 나타낼 수 있다.

그러나 만약 내가 그런 인물의 꿈을 꾼다면, 그러면 나는 또한 그녀와 나의 관계뿐만 아니라, 그녀가 존재하든 하지 아니하든 내 자신 안의 이러한 꿈속의 인물을 보아야만 할 것이다. 우리 둘 다 같거나 비슷한 모습을 꿈꾸는 상황에서는, 내담자와 내가 우리의 의사소통 과정을 풀고 경험하는 데 많은 문제점 또는 재미에 빠진다. 우리는 내가 '국수 스프(noodle soup)'라고 부르는 것 속에 들어 있다. 우리 둘 다는 같은 요리의 부분이며, 그것을 먹는 법을 배워야만 하거나 애초에 그 국수 요리를 만들었던 요리사를 찾아야만 할 것이다.

일반적으로, 커플과 집단을 괴롭히는 문제들은 투사와 꿈꾸기의 조합인 것처럼 보인다. 따라서 관계 문제들을 작업하는 것은 파트너에게 투사한 당신의 부분을 이해하고 경험하는 것뿐만 아니라 실제 파트너와 잘 지내야 하는 방법도 배우는 것을 포함한다. 따라서 이런 것들이 관계 자체에서 발생할 때 이러한 드림바디 언어를 이해할 수 있는 훈련을 필요로 한다. 이러한 이유로, 나는 혼자 오는 내담자들에게 가끔씩은 파트너와 함께 올 것을 권고한다. 좋은 관계를 가지기 위해서는 이중신호에 대한 의식을 발전시키는 것이 필요하다. 당신이 관계 속에서 살아남기 위해서는 당신의 꿈과 신체 모두를 잘 알아야 한다. 우리는 항상 꿈을 꾸기 때문에, 다른 사람을 우리 자신의 일부분으로 꿈꾸기를 한다. 그리고 우리는 끊임없이 자신의 새롭고 미지의 부분과 부딪히기 때문에, 꿈속 인물의 존재에 대해 증상, 관계 갈등 또는 동시성의 형태로 이중신호를 보낼 것이다. 따라서 좋은 관계를 위해서는 조화와 평화뿐만이 아니라, 알아차림, 유연성, 꿈꾸기 과정에 대한 인식도 요구된다.

개인의 영역

꿈꾸기와 투사는 개인과 그들의 과정을 그들의 꿈과 이중신호에 따라 분리한다. 하지만 그것들은 죄의식에 관한 한 분리될 수 없다. 우리는 누가 누구를 먼저 꿈꾸었는지 확실하게 알 수 없다. 어느 한 순간에, 두 사람은 동시에 서로 상대방을 투사하며 꿈꾸기도 한다. 이것이 개인의 영역들이 놓여 있는 곳이다. 우리는 개인지향 패러다임의 경계에 도달한 것이다. 여기에서 우리는 관계를 포기하고 신에게 관계를 맞기거나, 또는 우리의 한계를 극복하고 커플을 하나의 단위로 생각한다. 만일 우리가 이렇게 한다면, 우리는 지금까지 이용해 왔던 똑같은 생각들을 계속해서 적용할 수 있을 것이며, 커플이 마치 하나의 단위인 것처럼 커플에게 적용할 것이다.

커플 중심 작업

우리가 두 사람에 대해 작업할 때, 우리는 6개의 과정으로 작업한다. 그것은 두 사람 각각의 1차와 2차 과정과 관계의 1차 그리고 2차 과정이다. 과정 작업에서는 앞에서 나타나는 전경 과정을 다룬다. 그러므로 커플 작업은 어느 순간에는 단지 개인에게만 초점을 두다가, 또 다른 순간에는 커플의 1차와 2차 과정에 초점을 두는 것을 의미한다.

이러한 세 쌍 중에서 다른 두 쌍을 고려하지 않고 오직 한 쌍만을 가지고 작업하는 것은 관계의 부분만을 가지고 작업하는 것과 같다. 그리고 이것은 그 커플에게도 위험한 일이다. 만약 우리가 관계 중의 한 부분에만 초점을 맞추고 나머지를 무시한다면, 그 관계는 매우 심한 스트레스를 받을 것이다.

꿈의 장 경험

개인에게 자신의 신체를 존재로서 꿈꾸는 꿈을 이해하고 경험하는 것이 중요한 것처럼, 1차 문제에 갇혀 있는 커플에게 그들의 2차 과정, 즉 그들이 관계를 삶으로 꿈꾸는 장을 경험하는 것도 중요하다.

이 꿈을 발견하는 가장 쉬운 방법은 각 개인이 만드는 이중신호를 지켜보고 그리고 그것들의 메시지를 펼치면서 그 신호에 맞추어 행동하도록 그들을 격려하는 것이다. 이렇게 작업을 하면, 이중신호 이면의 꿈꾸는 과정은 자체의 이야기를 드러낸다. 여러분들이 상상할 수 있는 것처럼, 이런 작업은 도리어 관계의 심각성에 유머 감각을 더할 수도 있다.

사례

밥과 게일을 생각해 보자. 그들이 자신들의 관계에 대해서 말하기 시작할 때, 밥은 끊임없이 안경을 매만졌다. 게일은 그에게 귀 기울이다가 조금씩 돌아앉았다. 그녀는 그가 자신에게 좀 더 주의를 기울여 주면 좋겠다고 말했다. 그는 매우 바쁘다고 그녀에게 말했고, 그래서 그들의 1차 과정은 다른 많은 커플과 비슷했다. 그녀는 그에게 더 많은 시간과 관심을 원한다고 말했으나, 그는 너무 바쁘다고 말했다. 이들의 커플로서의 2차 과정은 그녀가 앉아 있는 자세와 그가 안경을 움직이는 방법에 의해 부분적으로 묘사된다.

나는 그들의 2차 과정에 초점을 맞추어서, 그에게 안경을 만지작거리는 그의 이중신호를 과장하라고 충고했다. 그리고 그녀에게는 이전처럼 똑같이 돌아앉으라고 했다. 그는 안경을 만지작거리기 시작했고 또한 손을 눈 주위에 두었다. 잠시 후에 그는 손가락이 마치 눈을 둘러싸고 있는 안경 같다고 말하면서 웃었다. 그는 그녀의 모든 면을 보고, 검사하고, 조사하기를 원했던 것이다. 그녀는 앉아 있는 자세와 돌아앉기를 증폭한 후, 그와 상대할 시간은 없지만, 자신의 일을 하기를 원했었다고 말했다.

그들 모두 자신들의 이중신호에서부터 나오는 행동의 반대 형태를 보고 들으며 놀라워했다. 그녀는 더 많은 주의를 원하는 대신에 적은 주의를 원했으며, 그는 방해받고 싶지 않다는 희망 대신에 그녀에게 매료되어 있었다. 그들은 그들의 관계를 구성하는 드림바디를 연기해 보이자 함께 웃음을 터뜨렸다. 그는 그녀를 평소 귀찮게 생각하는 일이 결코 없다고 말했다. 심지어 그는 밤에 그녀와 섹스를 하고 싶을 때, 자신이 그녀의 영역을 침범한다는 두려움으로 참았었다고 말하였다. 반대로 그녀는 평상시에는 그가 감정을 다쳐서 그녀에게 다시는 말을 하지 않을 것이 두려워서 절대로 감히 그로부터 등을 돌리지 않았다고 말했다. 여기에서 커플의 꿈은 그들의 정상적인 행동과 정확히 반대였다.

신화, 꿈, 이중신호, 경계의 발견은 의사소통 구조의 발견과, 사람들에게 상상할 수 있는 한 가장 풍부하고, 가장 연속적이며, 유동적인 관계를 주는 도구의 창조를 위한 단계다.

CHAPTER

05

채널과 신호

CHAPTER

05 채널과 신호

이중신호를 추적하는 것은 초기에는 어려운 작업이다. 상담자는 말의 내용 또는 1차 과정에 의해 최면이 걸리게 되는 것을 피하기 위해 그것들(말의 내용 또는 1차 과정)에 대한 감각에 기반을 둔 알아차림과 지식을 가져야만 한다. 다음은 전형적이고, 자주 만나게 되는 신호들이다.

청각신호

우리는 청각신호에 대하여 잘 알고 있다고 여겨 왔다. 꿈꾸는 사람은 복잡한 단어에 부딪힐 때 이해할 수 없는 메시지를 보냄으로써 신호를 한다. 그는 사건이나 관계를 나타낼 때 이상한 언어 구조, 외래어 또는 회피하는 방법을 사용한다. 그는 목소리를 높이거나 낮추고, 낄낄거리거나, 말하는 속도를 천천히 또는 빠르게 한다. 그는 말을 더듬고, 실수하고, 문장 안에 잘못된 단어를 넣거나 문장을 미완성으로 남긴다. 그의 목소리는 평소와는 다른 음조로, 단조롭거나 회유적이고, 높거나 징징거린다. 그의 숨은 고르지 못하고, 어떤 순간에는 기침을 하기도 한다. 이런 모든 신호는 정보를 제공하고, 그 신호들이 말의 내용과 일치하는지, 또한 그 신호들이 특별한 꿈속의 인물에게서 온 메시지인지를 알기 위하여 확인되어야만 한다. 만일 당신이 누군가를 이해하지 못한다면, 놓친 정보가 그의 목소리에 있었을지도 모른다.

시각신호

시각신호도 역시 명백한 것이지만 구별하기가 더 어렵다. 얼굴을 살펴보아라. 먼저 창백한지, 화장을 짙게 했는지, 햇볕에 탔는지, 또는 부었는지를 알아보아라. 얼굴에서 나타나는 것과 말하고 있는 것이 일치하는지도 확인하여라. 꿈꾸는 사람이 슬픈 눈과 축 처진 입 모양으로 행복한 사건을 설명하는가? 눈은 반짝이는가 아니면 충혈되고 피곤해 보이는가? 눈썹은 씰룩거리거나 찡그려져 있는가? 입술은 뿌루퉁한가 아니면 오므리거나 씹고 있는가? 입은 미소를 짓거나 씰룩거리거나 찡그리고 있는가? 이러한 모든 얼굴 표정은 신호인데, 그중 일부 표정은 나를 불편하게 하기도 하고 다른 표정은 나를 매료시키기도 한다. 때때로 눈빛은 나를 더 가까이 오라고 하는 것 같으나, 말로는 떨어져 있으라고 한다. 머리와 신체를 보자. 목은 뻣뻣하고, 머리는 처지고, 한편으로 기울어지고, 외면하는가? 가슴은 움츠러들었는가, 어깨는 축 늘어져 있는가 아니면 똑바로 세워져 있는가? 등은 똑바로 펴져 있는가 아니면 굽었는가? 엉덩이는 유연한가 아니면 경직되어 있는가? 골반은 기울어져 있는지, 다리는 똑바르거나 굽었는가 아니면 꼬았는가? 발은 톡톡 치고 있는가?

사람이 옷을 입는 방법은 그에 관해 많은 것을 나타낸다. 셔츠의 앞 단추를 풀었거나 채우고 입었는가, 옷이 깨끗하거나 더러운가? 믿기 어렵지만, 옷은 항상 무의식적으로 선택된다. 그러나 내담자를 그 또는 그녀가 입은 것과 동일하다고 가정하지는 마라. 사람의 꿈속의 인물은 자주 그들이 입은 것에 대한 원인이 되며, 만일 당신이 옷 입은 것을 통하여 그들 내면의 인물과 동일시하려 한다면 그것은 그들을 모욕하는 것이 될 수도 있다. 나는 함께 작업을 했던 한 목사 부인을 결코 잊을 수 없다. 그녀는 매우 대담한 옷을 입었기에, 나는 그녀가 특히 성적 매력으로 접근하려고 한다고 생각했다. 그렇지만 나는 그녀가 자신이 도발적으로 보일 것이라는 생각이, 최소한 의식적으로는, 조금도 없었다는 것을 알고서 충격을 받았다. 실제로 그녀가 내 사무실을 떠날 때 내가 손을 그녀의 어깨 위에 올려놓자 그녀는 매우 모욕적으로 느꼈다. 하지만 흥미로운 것은 그녀와 방금 했던 작업이 나이트클럽의 가수가 나오는 꿈에 관한 것이었다. 그녀는 남성에 관한 환상을 가졌을 때 이 모습을 보았으나, 가수가 되는 것에 대해서는 경계를 가지고 있었다. 그녀는 나이트클럽의 가수인 자신의 그림자가 그날 그녀의 옷을 입혔다는 것을 전혀 깨닫지 못했었다. 그것이 내가 옷과 사람을 동일시했던 마지막 경우였다.

운동감각

대부분의 운동감각은 무의식적 형태로 조직된다. 알아차림에서 멀리 벗어난 움직임은 스스로를 끊임없이 반복하지만, 결코 완성되지 않을 것처럼 보인다. 그것은 경련 또는 틱(tic: 상습적 안면경련)과 비슷하다. 나의 아들인 로빈이 좋은 예다. 그는 최근에 귀가 아파서 학교에서 조퇴하였다. 이에 대하여 나에게 말하는 사이에, 그는 계속해서 머리를 탁자 위에 내려놓다가 다시 들어 올리곤 했다. 잠시 후에 나는 그에게 탁자 위에 머리를 내려놓고 가만히 있으라고 했다. 그러나 그는 당황하면서 그렇게 할 수 없다고 말했다. 문제는 아들이 피곤해지는 것에 저항하는 경계를 가졌다는 것이다. 활발한 천성의 소년은 원래 활발한 천성과 자신을 동일시하면서, 감기에 걸린 후의 피곤한 자신과는 동일시하지 않았다. 따라서 그는 이 경우 탁자 위에 머리를 내려놓는 연속동작인 이중신호를 통하여 스스로를 그의 피로와 분리하였다.

그에게 귀의 통증은 반드시 일찍 자야만 한다는 것을 의미하지는 않았다. 그래서 나는 아이의 생각을 그대로 존중해 주었다. 나는 다만 그에게 설탕으로 된 위약(僞藥)을 주고, 그 약이 귀의 통증은 치료하지만 매우 졸리게 하는 부작용이 있다고 말했다. 그는 그 약을 먹고, 13시간 동안 잠을 자고, 일어나서 '다 나았다'며 나가 놀았다. 이 경우에 나는 운이 좋게 그 위약에 1차 과정과 2차 과정을 함께 넣어 주었던 것이다.

자기 수용적 이중신호

신호의 또 다른 종류는 자기 수용(자신의 위치, 자세, 평형 또는 내부 상태와 연관된 자극을 인식하는 것) 또는 내면의 신체 감각을 통해 의사소통이 이루어진다. 자기 수용 이중신호는 가장 깊은 무의식중의 하나다. 예를 들어, 어떤 사람들은 악수를 할 때 당신의 손이 아플 정도로 심하게 손을 흔들고, 다른 사람은 약하고 무기력한 악수를 한다. 알아차림에서 더 나아가는 것은 손의 체온이다. 나는 작업했던 따뜻하고 친절한 한 여인을 기억한다. 그러나 내가 "안녕히 가세요."라고 말하며 그녀와 악수했을 때, 그녀의 손은 아주 차가웠다. 그녀의 체온 신호는 그녀가 따뜻하지 않아야 한다고 말하고 있었다. 그녀의 에너지와 따스함의 대부분은 그녀 안에서, 그녀 자신을 위해 남겨져 있기를 원했다.

수신자로서 자기 수용을 사용하는 데 매우 효과적인 방법 한 가지는 눈을 감고, 말하기를 멈추고, 다른 사람에게 당신의 손을 얹는 것이다. 그의 손, 어깨 그리고 등을 만져 보라. 나는 대화할 때 계속해서 머리를 내려뜨리거나 옆으로 돌리는 사람과 작업한 적이 있었다. 나는 그에게, 당신은 내게 말하려고 하지만 실제로는 침묵하기를 원하면서, 눈길은 다른 곳으로 돌리고 있다고 말했다. 그리고 나는 같이 손을 잡아 볼 것을 제안했다. 나는 눈을 감고 내 손을 그의 어깨에 올려놓았으며, 그가 매우 살쪘다는 것을 느끼면서 놀랐다. 나는 그에게 그가 행동하거나 말하는 것보다 더 부드럽게 느껴진다고 말했다. 이것이 바로 그 사람 안에 있는 깊은 감정 반응의 기폭제가 되었고, 그는 매우 냉정하고 거칠었던 그의 아버지에 대한 긴 이야기를 하게 되었다. 이 내담자는, 자신이 소년이었을 때 얼마나 절실하게 부드러운 감정 교류를 필요로 했는지 결코 아버지에게 보일 수 없었다.

다른 자기 수용 의사소통의 또 다른 중요한 영역은 신체 접촉, 특히 파트너 사이의 신체 접촉이다. 여기에서 우리는 사회적 경계에 도달하는데, 우리 사회에서 신체 접촉의 대부분은 분노를 나타내는 폭행이거나, 사랑과 매력을 표현하기 위한 사랑의 표현이기 때문이다. 명백한 성(性)적 목적 없이 안아 주거나 접촉하는 경우는 상대적으로 잘 알려져 있지 않다. 파트너와 자기 수용 접촉을 만들기 위한 욕구는 자동적으로 사랑을 하기 위한 욕구로 해석된다. 자기 수용 접촉을 하기 원하는 것을 알지 못한 채, 사람은 자신이 사랑하기를 원한다고 말하지만, 그러나 신체 온도 또는 체액을 이용해 반대의 이중신호를 방출한다. 그의 파트너는 이러한 이중신호를 알아차리고 즉시 흥미를 잃게 된다. 만일 앞의 사람이 자신의 성(性)적이지 않은 자기 수용 및 신체 경험과 일치될 수 있다면, 섹스를 하기 위해 필요한 언어적 설명 없이도 성적인 접촉이 가능했을 것이다.

나는 수년 전에 만났던 초창기의 수련생 중 한 명을 결코 잊을 수 없다. 그에게는, 어떤 이유로 그가 성적으로 관심을 가지게 된 내담자가 있었다. 그의 1차 과정은 상담자로서 그의 외적 인격의 체면을 유지해야 했으나, 그의 2차 과정, 즉 성적 관심은 이와는 다른 방향으로 향하고 있었다. 나는 그에게 말하기를 "당신의 초심(初心)을 활용해 보십시오. 발기된 성기를 갖는 것이 어떨 것 같습니까?" 나는 그가 성에 대해 전혀 알지 못한다고 가정했다. 그는 웃으며, 놀랍게도 나에게 농담을 했다. "당신이 여자와 섹스를 원한다면 그녀에게 가서 '우리들 사이에 무엇인가를 똑바르게 하자'고 말하시오." 물론 여기에서 '무엇인가를 똑바르게'는 '무엇인가 길쭉한 것'의 의미로 남성 성기를 의미했던 것이다. 그래서 나는 "당신의 내담자인 그녀에게 가서 '우리들 사이에 무엇인가를 똑바르게 하기를 원한다.'고 말하시오."라고 말했다. 그는 약간 불안해하면서도 내가 말한 대로 했으며, 그녀가 비밀을 고백했을 때 매우 놀라고 말았다. 그녀는 "이제 당신은 모든 것을 알게 됐습니다."라고 말하면서, 그에게 숨겨 왔던 다른 남성과의 사랑에 관해 모든 것을 그에게 고백했다.

증상과 신호

밝혀진 바와 같이, 자기 수용은 당신에게 당신 주위의 사람들에 관해 많은 것을 말해 줄 수 있다. 나는 내담자가 건강진단을 위해 병원에 가야만 했다고 말했을 때, 내가 느꼈던 흥미로운 자기 수용적 신호를 기억한다. 나는 그의 신체 문제에 대해 이야기했고 작업을 했다. 나는 그에게 신체적으로는 아무것도 잘못된 것이 없음을 확신했다. 사실, 나는 무엇인가가 심각하게 잘못되었을 수도 있다는 것을 믿고 싶지 않았다. 그러나 그가 떠나자마자 나는 심한 설사를 했다. 나의 신체는, 이 사람이 심각한 병을 앓고 있고 곧 죽는다는 것을 알고 '매우 놀랐으며' 내가 두려워하고 있다는 것을 말하고 있었다. 내 문제는 신비한 치료자인 하나님 또는 성령에 대한 믿음으로 육체적 질병은 치유될 것이라고 내게 말하는 그의 1차 과정을 따랐다는 것이었다. 나는 하나님이 육체적 질병을 사라지게 할 수 있는 것이 아니라는 것을 진심으로 믿고 있다는 나의 견해를 그에게 말할 배짱을 가지고 있지 못했다. 사실, 지금도 내가 믿는 바는, 질병은 우리의 총체성을 밝히는 꿈으로서, 하나님이 우리에게 주시는 메시지라는 것이다.

다음의 상황을 생각해 보자. 세미나 참여자 한 집단이 아침 식사를 하고 있다. 그중 한 사람인 베아가 천천히 식사를 하고 있는데, 마침 베아의 꿈이 궁금한 아이린이 귀찮게 하고 있었다. 베아는 아이린과 이야기하는 동안 두통이 생겼다. 그날 오후, 베아가 세미나 작업을 하는 동안 여전히 두통이 있었기 때문에, 베아는 아침 식사에서의 장면을 다시 떠올렸다. 그녀는 두통을 느끼자, 자신의 손으로 꼬집거나 누르는 동작으로 자기 수용적 신호를 나타냈다. 그녀는 자신의 손을 내려다보면서, 손이 무엇을 하는지 깨달았다. 사람들을 누르고 있었던 것이다. 이를 알아차린 베아는 바로 주위의 사람들을 손으로 누르기 시작했다. 마침내 그녀는 아이린에게 가서, 그녀를 누르고, 자신의 행동 이면을 언어로 표현했다. "나는 네가 싫어. 넌 가면 뒤에 숨어서 네가 진짜 말하고자 하는 것을 절대 드러내지 않아." 이러한 자기 수용적 신호를 알아차리자, 베아의 두통은 사라졌으나, 아이린은 이제 스스로를 방어하기 위한 자신의 경계에 도달하게 되었다. 두 여자는 엉켜서 싸우기 시작했고, 갑자기 베아는 이전에 아이린이 자신에게 말해 주었던, 용과 싸우는 영웅에 관한 아이린의 꿈을 기억했다.

이것은 어떻게 신체 문제가 주위 환경과 연관되어 있는지를 나타내는 좋은 예다. 베아의 두통 및 두통과 관련된 행동인 자기 수용은 부분적으로 아이린에 대한 반응이었다. 하지만 베아의 두통은 상당히 비인격적이었다. 그것은 그녀가 살고 있는 드림바디, 의사소통의 장(場)에 속해 있는 차단된 신호였던 것이다. 그것은 그날 아침 식사 식탁, 그리고 아이린과 베아에게 속해 있었다.

신체 증상은, 최소한 이론상으로, 장의 한 측면에서 또 다른 측면으로의 설명, "이봐요. 깨어나서 실체를 밝혀요!"라고 말하는 능동 부분에서 수동 부분으로의 설명으로 생각할 수 있다. 이런 경우에, 두통은 베아와 아이린에게 그들의 발달 과정에서 안락한 수동적인 복종에서 벗어나 경계로 나아가게 했다. 2차 과정을 구성하는 꿈 영역은 두 개의 거대한 힘, 용과 영웅, 즉 일반적이며 수용적인 관계의 세계와 의식 알아차림의 세계 사이의 전쟁이었다.

경직된 목

자기 수용적 신호의 연구는 의학과 초심리학을 구분한다. 증상들은 총체적 의사소통 영역의 일부분이다. 한 여성이 경직된 목을 불평하며 자신의 목에 손을 대고 나에게 온 적이 있었다. 내가 그러한 손동작을 증폭했을 때, 그녀는 자신을 땅으로 밀어뜨리는 정령을 상상했다. 나는 환상을 계속하도록 그녀를 격려했고, 그녀는 이 정령이 이렇게 말하는 것을 들었다 "나는 당신이 부정(不定)의 정령을 내게로 데려올 때까지 당신이 어디를 가든 당신의 목에 고통을 주고,

당신을 일어나지 못하게 할 거야." 여기서 다시 한 번, 신체 증상은 개인에게 총체적으로 나타내어지기를 요청하는 신호다.

따라서 신체 문제를 보기 위한 한 방법은 총체적 꿈으로서, 우리가 살고 있는 장(場)의 정령으로서다. 이러한 정령은 장(場)의 나머지에 대해서 그들의 메시지를 위한 채널이 되도록 우리에게 요청하고 있다. 이런 방법으로 우리의 신체 문제에 관해 생각하는 것은 질병에 관한 우리의 전체 태도를 변화시킨다. 우리는 놀라거나 당황할 필요는 없다. 우리는 고통을 느낄 때마다 서둘러 약을 복용할 필요가 없다. 무엇보다도, 내가 무엇인가를 잘못해서 '병을 만든' 것처럼 의심하면서, 아프게 된 것에 관해 죄책감을 느낄 필요는 더욱더 없다.

공간신호와 시간신호

신호들에 대한 차별화는 의사소통에서 알아차림을 훈련하는 것을 돕기 때문에, 나는 신호를 그것들의 특정한 통로로 분리시켰다. 주어진 어떠한 메시지도 동시에 여러 채널에서 나타날 수 있다. 개인적 신호 외에도, '그의 것' '그녀의 것' '그들의 것'으로 분류하는 것이 불가능한 단위로서의 커플에 의해 내보내진 신호들도 있다. 이러한 총체적 혹은 장(場)신호는 다음의 장(章)에서 자세히 다룰 것이다. 그러나 여기에서 나는 이런 몇몇 신호가 어떻게 커플 및 집단이 공간과 시간을 사용하는 방법에서 나타나는지 설명하고자 한다.

커플 중 한 파트너는 다른 파트너 주위에서 어디에 앉는가? 그 둘은 얼마나 멀리 떨어져서 앉는가? 그들은 방의 어떤 곳을 차지하는가? 말할 때 각자가 얼마만큼의 시간을 사용하며, 얼마만큼의 시간을 서로에게 제공하는가? 한번은 내게, 그녀 자신이 매우 약하고 스스로를 결코 확신할 수 없었다는 것을 고백했던 한 여성이 찾아왔는데, 내가 멈추지 않고 말하는 것이 바로 확신의 한 형태라는 것을 지적하기 전까지, 자기 자신에 대해 끊임없이 말했다. 공간적 신호의 예로서는, 백혈병에 걸렸으나 너무나 삶이 재미있어서 삶을 포기할 준비가 되어 있지 않다는 한 남자에 관한 것이다. 하지만 나는 그가 나와의 작업 중에 출입구에서 매우 가깝게 앉아 있다는 것을 알아차렸다. 나는 이것의 의미를 추측하고, 그에게 그가 살기 원한다고 주장함에도 불구하고, 혹시 그가 살아오는 동안에, 자신이 어려운 상황에서 빠져나오려고 한 성향이 있다는 것을 알아차리지 못했는지를 물었다. 그러자 그는 인생 중에서 풀 수 없었던 어려움 때문에 여러 번 자살을 시도했었다고 말했다. 이후 우리의 작업은 어떻게 그의 현재 문제를 해결할지에 초점을 두었다. 만일 이 사람이 그의 어려움을 해결할 수 없다고 느낀다면, 백혈병은 단순히 주어진 시간과 공간에서 빠져나오는 또 다른 방법이 될 것이기 때문이다.

신호 연구

나는 지금까지 가장 일반적이고 중요한 인간의 신호 몇 가지를 다루었다. 나의 목록은 아마도 의사소통을 위한 전체 인간 용량의 1% 정도를 포함할 것이다. 나는 신호의 다양성에 대해 배우는 것이 중요하지만, 그러나 어떻게 그것을 찾아내는지에 관해 배우는 것만큼 중요하지는 않다고 강조하고 싶다. 따라서 이 책은 인간 신호의 목록이 아니라, 독자에게 왜 그가 어떤 신호는 알아차리고 다른 신호는 놓치는지를 발견하도록 자극하는 교재라고 할 수 있다. 신호에 대한 연구는, 당신이 관계에서 갈등을 가질 때마다, 당신의 파트너, 적대자나 자녀가 이해되지 않을 때마다, 또는 다른 사람에게 오해를 받을 때마다 반복해서 일어난다. 이러한 시작은 우리가 어떠한 신호와 과정들의 복합체를 가지고 있다는 것을 겸허히 깨달을 때 얻어진다. 그러므로 신호 연구의 시작은 동시에 의사소통에서 자신의 한계와 경계를 발견하는 것이다.

CHAPTER

06

경계

CHAPTER

06 경계

모든 관계 문제 안에는 우리의 환경으로부터 어떤 정보는 걸러 내고 다른 정보는 선택하는 우리 자신만의 신비로운 방식이 있다. 이러한 걸러 냄은 의사소통을 정지시킨다. 정보의 걸러 냄은 의사소통을 변화와 유동적인 것과는 반대로 정적(靜的)이고 경직되게 만든다. 더구나 사람들은 알아차림으로부터의 자신의 기억, 장면, 단어, 그리고 느낌들을 걸러 내는 방식에 대해 일반적으로 무의식적이다. 예를 들면, 놀고 있는 어린이를 생각해 보자. 그 아이는 즐거운 시간을 보내고 있고, 완전히 놀이에 빠져 있다. 그러나 어떤 시점에서 그는 다른 것에 끌려, 집중력을 잃는다. 아이는 자신의 다리를 꼬면서 이해하기 어려운 방식으로 움직인다. 마침내 아이는 하고 있는 놀이에서 벌떡 일어나서 화장실로 달려간다. 소변 배설과 놀이에 갈등이 있었던 것이다. 그 아이는 놀이와 동일시되었지만, 소변을 봐야 하는 육체적인 욕구로부터는, 즉 자신의 신체와는 동일시되지 못했다. 이는 의도된 1차와 2차 과정이 일치하지 않았고 그 아이는 이중신호를 내보낸 것이다.

정체성 위기

이중신호는 2차 과정의 메시지를 분리시키는 경계(edge)를 확인시킨다. 각각의 이중신호는 정체성의 위기를 낳는다. 그것은 스스로를 1차 과정과 동일시해 왔던 자아와 대립한다. 경계는 스스로에 대한 정의(定意)를 형성하고 의식의 주변 경계를 구성한다. 그것은 항상 개념, 깊숙이 자리 잡은 신념 체계, 개인적인 정체성, 사람이란 무엇인가에 대한 인생철학 등과 연관되어 있다. 이 모든 2차적인 이중신호와 함께 심리학에서 가장 큰 미스터리인 것으로 밝혀질 수도 있는 암시적인 경계가 나타난다. 내가 앞에서 언급한 목사 부인의 경우에, 그녀의 경계는 다른 사람에게 신호 교환하거나 또는 욕구를 보여 주는 것이 나쁜 일이라는 믿음이다. 따라서 그녀의 욕구나 신호 교환하는 행동은 속으로 들어갔다가, 나이트클럽 가수의 형태로 다시 표면화하는 것이다. 그러한 것들은 그녀의 의상에서 나타나고 그녀를 우리 모두들처럼 분열된 개체로 만든다.

소변을 봐야 하는 욕구를 깨닫지 못한 소년은 어린아이 경계의 전형적인 예다. 어린아이들의 그림을 보라. 처음에는 단지 머리만 있다가, 팔과 다리가 추가되고, 마지막에 가슴과 복부가 더해진다. 어린아이는 자신의 신체가 아니라 자신의 생각과 자신을 동일시한다. 어린아이들은 전형적으로 자신의 신체와, 소변 보기와 피곤함과 같은 육체적이고 자기 수용적 신호에 대항하는 경계를 가진다.

돌파구

이중신호를 드러내는 것이 단지 우리 작업의 일부분이라는 것을 깨닫는 것이 중요하다. 그것은 안심시켜 주며, 관계를 명확하게 하고 유연하게 하지만, 그러나 충분하지는 않다. 만일 1차 과정이 2차 과정과 의식적인 충돌을 하지 않았다면, 만일 그 둘(1차 과정과 2차 과정)을 분리시키는 경계가 작업되지 않았다면, 분열은 다시 형성될 것이고, 똑같은 내적인 문제와 갈등이 다시 발생할 것이다.

자신의 그림자가 드러나지 않기를 바라는 목사 부인의 경우, 그녀가 신호 교환하는 것을 격려하는 것으로는 충분하지 않을 것이다. 그녀는 스스로 나이트클럽 가수에 대한 자신의 내적 마음가짐과 선입견이 무엇인가를 발견해야 한다. 그녀 스스로 숙고해 보는 것은 필요하고 의미가 있는 일이며, 어떠한 이해, 설득, 의지력도, 그녀 자신의 내적 신념 체계를 '밖으로 꺼내지' 않고는 그녀가 경계를 넘을 수 있도록 할 수 없을 것이다.

경계와 꿈

당신 자신의 경계를 찾아내기 위해, 지난밤 꾸었던 꿈을 살펴보거나, 자신이 파트너에게 결코 말로 표현할 수 없었던 것이 무엇인가를 스스로에게 물어보라. 어떤 내적 이미지가 자신을 놀라게 하는가? 불길할 것을 확신하기 때문에, 당신은 어떠한 장면이 발생하는 것으로부터 멈추게 하고 있는가? 어떠한 신체 감각을 혐오하는가? 어떠한 자세와 위치를 취할 수가 없는가? 거기에 당신을 분열시키는 경계의 목록과, 당신 꿈에 대한 도입으로써 작용할 수 있는 경계의 목록이 있다. 꿈은 바로 우리가 할 수 있는 것의 경계를 바로 넘어서 일어난다. 꿈속의 인물은, 우리 경계의 다른 쪽에 있는, 즉 우리의 알아차림 이면에 있는 우리의 부분들이다. 경계 역시 우리의 신체 증상, 이중신호, 신체 문제에 대한 안내자로 작용한다. 꿈 작업만으로는 충분하지 않다. 사람들에게 그들 꿈의 부분들로 살아갈 것을 요구하는 것은, 이러한 부분들에 대항하는 경계가 충분히 고려되지 않았기 때문에 효과가 없을 것이다.

경계와 질병

병과 질병은 항상 사람들의 경계에서 발생하는 것처럼 보인다. 만일 그들이 신체 작업에 대해 부끄러워하기 때문에, 신체 증상에 대해 사람들과 언어적으로 작업할 필요가 있다면, 실험을 해 보기 바란다. 단지 그들이 할 수 없는 것, 상상하기에 가장 어렵고 놀라운 것이 무엇인지 물어보라. 만일 당신이 그들에게, "예 나는 당신이 이것을 할 수 있는 창의성을 가지고 있다고 확신합니다."라고 말한다면, 그들의 반응은 그들의 경계가 증상과 어떻게 연관되어 있는지를 보여 줄 것이다. 경계를 접촉하는 것은 증상의 경험을 증폭시킨다. 경계에 대하여 작업하는 것은 증상을 나타나게 하거나, 악화시키거나, 치료하게 하거나, 심지어 사라지게 한다. 오래전에 부러져 부적절하게 치료되었던 뼈도 갑자기 다시 아프게 될 수도 있다.

나는 관계에 대한 세미나에서 작업했던 한 남자와 여자를 기억한다. 그 여자가 결정적인 지점, 즉 작업에서의 경계에 이르렀을 때, 그녀는 "나는 당신 없이는 살 수 없다고 확신합니다."라고 말했다. 그러자 갑자기 그녀가 지니고 있던 약한 발진이 아주 격렬하게 진행되어 큰 발진이 나타났다. 그녀는 자기가 방금 말했던 것이 무엇인가를 깨닫고, 그녀의 경계에 대해 생각해 보았고, 그것이 더 이상 진실이 아니었다는 것을 말할 수 있었다. 사실, 그녀는 그 남자 없이 살 수 있고, 그렇게 하려고 했었다. 잠시 후에 그녀의 발진 자국은 사라졌다. 이 여인에게 무슨 일이 일어난 것인가? 그녀는 만일 그녀가 홀로 된다면 세상이 끝날 것이라고 믿었기 때문에 그 남자에게 매달렸었다. 그녀는 홀로 자립한다는 것이 아주 힘들다고 믿었고, 이러한 믿음은 그녀를 자신이 가지고 있는 힘과 능력으로부터 단절시켰다. 그때 그 힘이 신체화된 이중신호로서 그녀에게 발진을 발생시킨 것이다. 그녀의 경계는 그녀에게 의지할 누군가가 필요한 약한 여자라고 느끼게 만들었고, 그녀의 힘을 분열시켜 발진으로 다시 나타나게 된 것이다.

내가 작업을 했었던 유사한 경우는 불화 중인 커플에게서도 나타났다. 그 남자는 매우 가려운 피부병을 가졌다. 그는 가려워 긁으면서 걸었고, 아내와는 전혀 문제가 없다고 말했다. 상담에서 나중에 그는 그의 어머니가 그를 나약하게 키웠기 때문에 스스로를 표현할 수 없는 약한 사람이라고 말했다. 그의 나약함이 그가 변화하는 것을 막았다고 나에게 설명하였다. 그의 경계는 자신의 연약함을 믿는 최면성 믿음이었다. 나는 이러한 믿음에 도전했고, 그에게 아내와 싸울 수 있을 정도로 충분히 강하다면, 그 자신을 표현하는 데에도 충분히 강할 수 있다고 말해 주었다. 그러자 그는 나와 자신의 아내에게 몹시 화를 내었다. 그는 우리 둘 다에게 소리쳤고, 긁는 것을 멈추었다. 그의 피부병은 스스로에 대한 확신의 부족으로 인해 '누설(漏泄)되었던' 신체화된 분노였다. 역시, 그의 피부병은 관계와 연관되어 있었다. 그의 아내는 그의 감정을 다치게 하는 것이 두려웠다고 고백하였다. 그를 다치게 하는 것에 대한 그녀의 두려움은 그의 문제를 더 크게 만들었다. 남편과 부인은 서로의 거울상(像)이었다. 그녀는 그에게 솔직하지 않는 것에 대해 나약한 사람이었고, 그는 그녀의 행동을 받아들이는 것에 대해 나약한 사람이었다. 그들의 관계 드림바디는 1차적 모성과 2차적 공격성으로 구성되어 있고, 이 드림바디에서의 경계는 직접적이고 명확한 것에 대해 반(反)하고 있었다.

경계와 충돌하는 신화

경계 및 그것과 관련된 이중신호는 국가들 사이의 국경처럼 행동한다. 따라서 경계를 다루는 것은 경계 갈등, 정신 신체적 괴로움, 무엇보다도 두 개의 서로 다른 국가에 속하는 신화를 다루는 것과 같다. 문제는 국가 사이에 의사소통의 흐름이 없다는 것이다. 분리된 부분들은 서로에게 이방인인 것이다.

예를 들면, 한 여인의 독립된 부분과 의존하는 부분은 서로를 알지 못한다. 앞에서 언급한 커플의 현재 상황에서 폭력적인 부분과 부드럽게 머무는 부분은 분리되어 있다. 이중신호를 드러내는 것과 정신 신체적 증상에 대해 작업하는 것이 매우 어려운 이유는 두 나라의 신화가 서로 다르기 때문이다. 한 '나라'의 사람들은 여자가 남자를 필요로 한다고 믿고, 또 다른 나라에서는 아마존의 신화 같이 전사(戰士)와 같은 여성들이 지배한다. 한 나라에서는 선의(善意)와 기독교적 정신이 지배하지만, 다른 나라에서는 다윈의 적자생존 법칙이 지배한다. 이들은 서로 충돌하는 신화의 몇 가지 예다.

무의식의 기능

어떠한 상황에서는 경계가 너무 강해서 경계가 보호하는 신화 외에는 어떠한 것도, 개인적인 알아차림을 얻는 것이 사실상 불가능하게 된다. 한번은 내담자가 상담자와 사랑에 빠졌기 때문에, 곤경에 빠진 상담자 및 내담자와 작업을 한 적이 있었다. 상담자는 내담자와의 성적(性的) 접촉에 빠지게 될까 봐 두려워했다. 상담자는 내담자가 상담이 끝난 뒤에도 항상 남아 있기를 원했다고 불평하였는데, 분명히 그녀는 더 엄격해지는 것에 대해 경계를 가지고 있었다. 그녀는 내담자에게 "당신의 상담시간이 끝났습니다. 나를 쳐다보면서 웃지 말고, 말하고 싶은 것을 직접 말하세요."라고 말함으로써 이 경계를 극복하였다. 한번은, 커플 중 한 사람은 경계를 넘어서고 있었고, 다른 사람은 그렇게 하기를 강요받고 있었다. 그러나 이 내담자는 여전히 그곳에 그대로 있으면서, 두 여자 사이의 공간을 꿈꾸는 듯이 바라보았다. 왜 그녀는 상담자의 명확함에 반응하거나 듣지 않고 있었을까? 왜 그녀는 여전히, 모든 것이 반대하는 상황임에도 불구하고, 상담자가 그녀의 애인이기를 바라고 있었을까?

나는 내담자의 입장에서 바라보기로 결정하였고, 내가 보았던 것을 연기(演技)하였다. 나는 말했다. "나는 어떤 정보도 그것이 나의 트랜스(trance)를 방해한다면 나는 받아들이기를 거부합니다." "내가 트랜스에 있는 한, 나는 영원히 감각적인 사랑, 신화적인 기쁨, 열반 그리고 천국의 평화에 대해 환상을 가질 수 있습니다. 나는 결코 이러한 환상을 포기하지 않을 것입니다. 왜냐하면 포기한다면 나의 인생은 끝날 것이기 때문입니다." 이러한 연기는 그녀의 신호가 나타내는 것을 추측한 것이었다. 그녀는 눈물을 흘리며 울음을 터뜨렸고, 나는 그녀에게 그 환상을 완성시킬 필요가 있다고 말했다. 나는 그녀에게 동화를 쓰고 그 동화가 그녀를 위해 가질 수 있는 의미가 무엇인지를 찾아보라고 권고했다. 그러자 그녀는 자신이 이해된 것을 느꼈기 때문에 행복해졌다.

상담자가 경계를 넘어설 때, 내담자는 단단하게 고정된 채 남아 있었고, 마치 자신의 상담자로부터 부정적인 피드백을 듣지 않은 것처럼 행동했다. 그녀는 스스로를 부정적이 되는 것과 부정적인 신호를 듣는 것에 저항하는 경계를 가지고 있었다. 따라서 그녀의 부드러운 1차 과정은, 모든 부정적인 2차 과정을 의식적인 알아차림으로부터 격리시켰다. 이러한 형태의 무의식 기능은 그녀의 1차 과정, 사랑에 대한 그녀의 욕구와 필요를 보호하고, 그래서 전설적이고 신화적인 형태로 스스로를 채우고 완성할 수 있게 하는 것이다. 단지 이러한 신화가 완성될 때에만 내담자는 의식적으로 부정적 또는 공격적 신호를 인지할 수 있게 되고 내보낼 수 있을 것이다. 그때까지 그녀는 그녀의 이해와 인식을 요구하는 신화적인 세계에 갇혀 있다. 경계는 신화를 보호한다. 경계를 뛰어넘을 수 없거나, 사람들이 자신의 파트너의 실재를 인지할 수 없을 때, 경계는 그곳에서 그것이 완전하게 될 때까지 무의식을 보호하고 보존할 것이다.

무의식의 비극적인 측면

비극은 경계를 둘러싸고 있는 무의식의 필수적이며 긍정적인 측면을 수반한다. 조용하고 내향적인 남자가 많은 감정을 표현할 수 있는 외향적인 여자와 관계에 관해 작업하는 것을 생각해 보자. 그가 의자에 기대 앉아 부드럽게 말하면, 여자는 사랑스런 눈빛으로 앞으로 다가와 앉아 그가 생각하고 느끼는 것이 무엇인지를 묻고 또 묻는다. 그의 자세와 언어는 그가 아주 조용히 하고 있을 필요가 있고, 사실 그가 특히 요구받았을 때 자신을 표현하는 것을 거부하고 있다는 것을 말한다. 반면에 그녀는 계속해서 앞으로 다가와 언어적 또는 비언어적으로 그와 더 상호작용하기를 요구한다.

나는 그녀에게, 그가 언젠가는 그녀가 원하는 것을 줄 것이라는 것을 상상하면서 얼마나 오랫동안 계속해서 그를 지켜볼 것인지 물었다. 그녀는 즉시 대답했다. "세상에, 나는 그 사람이 지금의 그가 아닌 다른 사람이 되기를 기대하면서 30년을 보냈습니다. 내가 무엇을 하고 있는 것입니까?" 잠깐 동안의 회상 후에, 그녀는 아직도 자신이 아주 어린 소녀일 때 돌아가신 조용한 아버지를 자신과 연관시키고, 자신을 사랑하기를 바라고 있었다고 설명했다.

또한 내가 그녀의 파트너에게, 그녀가 언젠가는 그를 평화롭게 놓아줄 것을 상상하면서 그가 얼마나 오래 그곳에 조용히 앉아 있을 것인지 물었을 때, 그녀에 대한 그의 무의식의 역할이 나타났다. 그는 "나는 언젠가 어머니가 그녀에게 친절하라고 내게 잔소리하기를 멈출 것이라고 꿈꾸고 있습니다."라고 말했다.

이 같은 통찰은 관계 작업에서 파트너가 깨어나는 것처럼 보이는 순간이다. 그들은 꿈꾸고 있다는 것과, 그들의 눈과 귀가 꿈으로 차 있다는 것과, 그들이 의사소통하는 사람들의 신호를 보지 못하고 듣지 못하고 느끼지 못하지만 그들의 파트너가 그렇지 않음에도 불구하고 그들의 꿈과 비슷하다고 상상하면서 옛날의 꿈을 보고 있다는 것을 깨닫는다. 이러한 순간이 바로 관계의 초점이 각 개인에게로 돌아가는 때다.

이와 같은 순간에, 사람들 사이에 종이 한 장을 넣어주면, 각자는 더 자유롭게 투사하고 그들이 어떠한 이미지를 투사하고 있는지를 정확하게 볼 수 있을 것이다. 비극은, 커플의 무의식이 그들이 서로를 알고, 사랑하고, 의사소통하는 것을 막는다는 것이다. 그러나 한 가지 해결 방법은 환상이나 꿈이 스스로 그 자체로 완성되고 변할 때까지 계속 꿈을 꾸는 것이다.

1차 과정과 2차 과정의 경계

가장 명확한 성격발달 형성에 대한 사람들의 수수께끼 같은 무능함의 또 다른 이유는, 많은 경계들이 다른 더 명백하고 거대한 경계에 가려져 알아차리기 어려운 아주 사소한 것이기 때문이다. 정말로 다정한 남자는, 그가 남자다움에 대한 경계를 가지고 있는 것뿐만 아니라 그가 너무나 다정한 사람으로 인정되는 것을 증오하기 때문에, 그의 남자다움을 발달시킬 수 없다. 이런 경우에 과정 언어에서 우리는 1차 과정에 아주 작은 경계인 장애물이 있고, 1차 과정과 2차 과정 사이에 더 크고 명백한 경계가 있다고 말한다.

전형적이고 부드러운 매너를 가진 커플의 경우를 들어보자. 이 커플은 자신들이 너무 다정하면서 순종적이라는 것을 깨닫고, 본능적이고, 표현적이며, 더 다채로운 에너지와 연관되기를 바라지만 도저히 그럴 수 없다고 말한다. 이 커플과 작업할 때, 깨달아야 할 첫 번째 차원은 그들의 매너가 너무 좋다는 것이다. 그들이 이러한 행동을 인정하더라도, 그들은 그것이 어떻게 작동하고 어떻게 보이는지 알아차리지 못한다. 그들은 그들의 가장 단순한 제스처가 어떻게 극단적인 좋은 매너를 반영하는지를 보지 못한다. 그들은 서로에게 예의바르고 친절하게 하는 것이, '이해하고 있다'는 형태로서 고개를 왼쪽으로 2~3cm 기울인 자세로 들으면서, 그리고 다른 사람이 이야기를 끝낼 때까지 예의바르게 기다리면서, 참을성 있게 앉아 있는 방법으로 보일 수 있다는 것을 깨닫지 못한다. 이러한 자세를 하고 있는 그런 사람들과 작업하는 것은, 바로 이것이 그들이 없애려고 하는 '좋은 매너를 지닌 어머니'를 나타낸다는 것을 보여 준다. 그들은 서로의 안녕을 묻는 것, 상담자 역할을 하는 것, 이해하고 도움을 주는 것들이 이러한 모성적 보살핌과 같은 형태이지만, 만일 이러한 배려가 진심이 아니거나 좀 더 인내심이 없다거나 타인을 부정한다면 파괴적일 수 있다는 것을 깨달을 필요가 있다.

이러한 커플과 작업할 때 취하여야 할 첫 번째 단계는 그들의 모성적 보살핌을 증폭시키는 것이다. 물론 첫 번째 경계가 바로 눈에 띄게 드러날 것이다. 그들에게, 그들이 계속해서 어머니처럼 보살펴 왔었다는 것을 설명하는 것은 그들이 첫 번째 경계를 극복하는 것을 도와줄 것이다. 이 커플이 더 직접적이고 활발하게 서로에게 열중하게 하려면 그들은 먼저 '어머니'를 자각해야만 한다.

이러한 어머니 과정은 실제로 이 커플의 각각의 꿈에 새겨져 있다. 남자는 어머니의 침대로 가야만 했고 그러면 모든 일이 다 잘될 것이라고 꿈꾸었다. 다른 말로 하면, 그는 모성적 보살핌의 역할 속으로 들어가야만 했다. 두 사람 모두 다 그들 사이에 이미 무의식적으로 일어나고 있는 것보다 더 많은 것을 해야만 했다. 그러면 나중에, 무의식적으로 어머니의 역할에 의해 조정되는 대신에, 오로지 의식적으로 관계에서 어머니의 역할을 취할 수 있음으로써, 그들은 어머니로부터 벗어날 수 있다. 이런 경우 그들의 모성적 보살핌이 먼저 인지되어 평가되어야 할 필요가 있기 때문에 그들의 야성(野性)으로 바로 연결되지 않는다.

이제 내가 왜 과정을 1차와 2차로 나누었고, '의식적'과 '무의식적'이라는 단어를 사용하지 않았는지 쉽게 알 수 있을 것이다. 1차 과정도 역시 약간은 무의식적이다. 비록 사람들이 그것에 대해 말할지라도, 아직 그것에 대해 완전히 깨닫지 못하고 있다. 1차적 신호는 보통 일반적인 문화적 과정들인데, 이는 아주 자동적이어서 어느 누구도 그 근원까지 찾아가서 그것들이 어떻게 발현되는지 찾으려고 시간과 인내를 소비하지 않는다. 그러나 만일 이런 것들이 행해지지 않는다면, 그다음의 더 깊은 과정과 그 이면에 놓여 있는 것을 찾는 것은 당연히 불가능하다.

이중신호와 삼중신호

한번 어머니 경계를 건너가게 되면, 표현 또는 본능에 대한 경계가 나타나고, 그 이후에 또 다른 경계가 나타난다. 한번 첫 번째 문과 그 문의 수호신을 통과하게 되면, 통과해야 할 또 다른 문이 나타난다. 각각의 경계를 넘어, 당신은 한 개인으로서 그리고 커플로서의 개별화 속으로 더 깊게 들어가게 된다. 경계는, 당신의 삶 속에서 끊임없이 그것들을 넘어서 움직이게 하면서 또한 관계의 많은 차원을 드러내게 하는 신기루와 같은 것이다.

따라서 "나는 너무 관습적이어서 변화를 원합니다."와 같은 단순한 간단한 설명에서조차 그 이면에 상당히 연관된 메시지가 많이 있다는 것을 알 수 있다. 여기에는 먼저 관습의 자각에 대해 책임이 있는 '나'가 있다. 관습적인 사람과 예절 바름에 동반하는 신호가 있으며, 그리고 비관습적인 사람으로 변화의 욕구에 이미 함축되어 있는 세 번째 신호가 있다. '나'와 '관습적인 사람' 사이에 경계가 있으며, '관습적인 사람'과 '미래 사람' 사이에 더 크고 더 놀라운 경계가 있다. 이 시점에서 나는, 개인과 커플의 전체 성격에 대한 열쇠가, 경계, 그들이 창조한 무의식의 역할, 그리고 장벽의 양쪽에서 충돌하는 신화의 가치를 인지하는 데 놓여 있는 것으로 본다.

CHAPTER

07

커플의 신호

CHAPTER

07 커플의 신호

이전 장(章)에서, 나는 관계에서 개인의 특성을 나타내는 채널, 신호와 경계에 대해 논의했다. 이 장에서는 하나의 단위로서 커플이나 가족 그리고 그들이 내보내는 신호에 대해 논의하고자 한다. 특히 관계 문제의 밑바탕에서 흔히 볼 수 있는 차이 혹은 부조화, 즉 가족이 함께 하려고 의도한 것과 의도하지 않았지만 발생하고 있는 것 사이의 부조화에 초점을 맞추려고 한다.

1차 과정

가족의 1차 과정은 가족 사이의 의도와 정체성의 결합이다. 이러한 정체성은 구성원의 말에서 종종 집단의 자아 혹은 '우리'로 나타난다. 예를 들면, 한 가족에서 어머니는 "우리는 함께 있는 것을 사랑하는 가족이다."라고 말할 수도 있다. 이 말에 대해 아무도 문제를 제기하지 않는다. 그래서 함께함은 이 가족의 1차 과정을 묘사한다. 암암리에 분리는 2차 과정이며, 두 명의 십대를 둔 이 가족을 괴롭히는 것이 무엇인지 상상하기는 어렵지 않다. 아이들은 좀 더 독립적이기를 바라면서 이 시스템을 무너뜨리기 시작한다.

또 다른 가족은, 가족 모두가 어떤 신앙을 지켜야 한다고 주장할 것이다. 그들의 종교는, 인정하기 어려울 수도 있지만 자신들의 의사소통을 규정하고 지배하는 1차 과정이다. 다른 종교인이나 인종이나 계급과의 결혼, 공격성, 돈의 수입과 지출, 양육에 관한 규칙은 가족의 1차 과정의 모든 측면이다.

비록 1차 과정이 기본으로, 의식에 가깝다 하더라도, 여전히 충분히 의식적인 체계가 아님을 기억해야 한다. 만일 상담자가 이런 사실을 놓친다면, 그는 왜 그런지 이유를 알지 못한 채 만난 지 5분만에 전 가족에게 무례를 범할 수 있다. 예를 들면, 만일 상담자가 그 가족의 1차 과정이 조화이지만 에너지와 힘이 부족하다고 불평하는 가족을 본다면, 상담자는 불평에 초점을 맞추어 서로에게 힘이 되도록 단순히 격려하는 것으로는 결코 그들을 돕지 못할 것이다. 그는 먼저 조화에 대한 관심을 인정해야만 하거나, 그것을 칭찬하고 그들이 관심 있어 하는 다른 모든 것에 관해서도 이야기해야만 한다. 만일 상담자가 1차 과정과 경계를 존중하지 않는다면, 상담자는 변화에 대한 가족의 분명한 저항에 자극을 받고 좌절하게 될 것이다.

상담자를 찾는 이유

1차 과정의 핵심적 발현이 사람들이 상담자를 찾는 이유다. 사람들이 상담을 시작하는 이유는 헤아릴 수 없이 많다. 비록 이런 이유에 대한 상담자의 견해가 있다고 해도, 그 이유들은 내담자들에게 중요하며 그들의 입장에서 고려되어야만 한다. 부부의 핵심 문제 중 몇 가지 예를 들자면 혼외 관계, 성적(性的) '비정상성', 결별 혹은 이혼, 지루함, 에너지의 부족, 그리고 독립의 필요성 등이 있다. 젊은 가족의 전형적인 문제는 의사가 치료할 수 없는 낯설고 특이한 증상의 아픈 자녀다. 그 아이는 물건을 훔치거나 자위를 하거나 먹기를 거부하거나 정신적으로 비정상이라고 진단 내려진다. 가족상담자는 가족 내에서 아프거나 '나쁜' 아이를 '확인된 환자'라고 부르는데, 그 이유는 아이가 내담자일 뿐만 아니라, 곤란을 겪고 있는 가족의 한 사람임을 강조하기 위해서다. 그 아이가 바로 가족이 초점을 두고 있는 문제, 즉 가족에 대한 1차 과정에 대한 문제임을 기억하는 것이 중요하다. 만일 상담자가 너무 빨리 2차 과정을 요청한다면, 가족과 때로는 확인된 '내담자'를 당황하게 만들 것이다.

사실, 만일 상담자가 가족의 더 깊고 무의식적인 문제를 확인했기 때문에 1차 과정을 무시한다면, 가족은 상담자를 떠날 것이다. 나는 상담자가 그들이 찾아온 이유를 전혀 고려하지 않았기 때문에, 상담자를 떠나는 많은 사람들을 보았다. 예를 들면, 한 커플은 그들이 찾아간 이유인 남편의 발기부전을 전혀 다루어 주지 않아서 이전의 가족상담자를 떠났다고 내게 말했다. 내가 그 말을 들었을 때, 나는 바로 본론으로 들어갔다. "자, 두 분이 침대에서 함께 무엇을 하는지 저에게 직접 보여 주십시오. 적어도 서로 일어서서 포옹을 하십시오. 신체 접촉에 대해 직접적으로 작업합시다."라고 나는 말했다. 그러자 커플은 약간은 자기 의식적으로 일어나서, 마치 포옹하는 것처럼 연기했다. 갑자기 부인이 멈추고 말했다. "아! 바로 그게 문제였군요. 나는 항상 남편이 나에게 들어가자고 말하기 때문에 남편과 함께 침대에 들어갑니다. 비록 내가 원하지 않더라도 남편이 그 사실을 알아차리기를 속으로 희망하면서 침대에 들어갑니다." 남편은 말했다. "그것이 내가 항상 당신에게 흥미를 잃게 되는 이유입니다. 당신은 실제로 침대에 있는 것이 아니며, 나는 그것을 느낄 수 있습니다."

1차 과정에 의해 속아 넘어가기

개인이나 가족이 마치 도움을 구하러 온 것처럼 행동하지만, 그들의 2차 과정은 자신들이 인정한 1차 과정보다 더 강한 경우가 많이 있다. 당신은 변화하기를 원하기 때문에 아내에 의해 상담에 끌려온 화난 남편을 상상하거나, 또는 소유욕이 강하고 지나치게 근심하는 아버지가 아이의 감기 때문에 상담소를 찾은 작은 아이를 상상해 볼 필요가 있다. 상담자는 사람들이 도움이 필요하기 때문에 찾아온다고 추측해서는 안 된다. 많은 사람들은 누군가를 때려 줄 필요가 있어서 오기도 하고, 일부는 강하게 되려는 희망에서 자신들이 이길 수 있는 약한 상담자를 찾고 있다. 또 다른 사람들은 성장이나 도움을 구하기 위해서가 아니라, 자신의 파트너에게 대항해 상담자와 연합하기 위해 온다. 또 다른 사람들은 보호받기 위해 오는데 그들은 분석자가 아니라 부모를 찾고 있는 것이다.

나는 언젠가 한 가족이 그들의 아픈 딸을 도울 수 있을 것이라고 판단했기 때문에, 그 가족에 의해 곤란한 상황에 빠졌던 것을 기억한다. 당연히 그들은 나의 방문 요청에 응했지만, 단지 그 딸을 정신병원 시설에 넣기를 원했던 것이고, 실제로 딸을 이해하는 것에는 조금도 관심을 두지 않았다. 나는 그들에게 방문을 요청했고 그들이 찾아왔을 때 어리석게도 그들의 방문이 그들도 변화를 원한다는 신호라고 생각했다. 나는 그들을 변화시키는 데 최선을 다했으나, 그들이 나의 권유를 따르지 않았기 때문에 실망하고 말았다. 만일 내가 현명하게 그들에게 왜 방문했는지를 물어보았다면, 많은 어려움에서 나 자신을 구할 수 있었을 것이다. 그 가족의 1차 과정은 나와 같은 어리석은 상담자의 말을 듣고 따르는 것으로 이루어져 있었지만, 그들의 2차 과정은 자신의 아이가 성장해서 집에서 나가도록 강요하는 것이라는 것을 깨달았어야 했다.

사람들이 상담자와 편안해지기 위해서는 많은 시간이 필요하다. 그들은 자신들의 1차 과정에 상담자를 포함시킬 필요가 있고, 상담자가 개인으로서 자신들의 정체성을 존중한다고 느낀다. 더구나, 상담자는 이중신호가 무의식적인 꿈꾸기 체계의 부분이라는 것을 이해해야만 한다. 하지만 2차 과정으로 너무 빨리 들어가는 것은 이러한 정체성에 대한 도전이 되고, 만일 그것이 보통의 의식적 신뢰관계가 확립되기 전에 이루어진다면 해가 될 수도 있다.

2차 과정의 총체성

가족의 한 구성원에게 질문을 하는 것은 자주 다른 사람들로부터 반응을 불러일으킨다. 이를 해석하는 하나의 방법은, 사람들이 약하고, 어리석어서 다른 사람들이 대신 말하도록 허용한다고 가정하는 것이다. 또 다른 좀 더 과정지향적인 관점은, 한 사람은 입, 다른 사람은 심장, 또 다른 사람은 다리처럼, 전 가족이 하나의 단위처럼 작용한다는 표시로서 보는 것이다.

알렉스의 예를 들어 보자. 만일 내가 알렉스 엄마에게 누가 과자를 훔쳤는지 질문을 하면, 알렉스는 얼굴이 붉어지는데, 그 문제가 엄마뿐만 아니라 알렉스도 괴롭히고 있다는 것을 알 수 있다. 혹은 알렉스에게 누가 과자를 훔쳤는지 물어볼 수 있는데 그때 알렉스의 아버지가 놀라 딸꾹질을 한다고 해도 놀랍지 않을 것이다. 아버지 역시 고백할 무엇이 있는 것이다. 마침내 아버지가 과자를 훔치는 것에 대해 말하기 시작하자, 알렉스의 누이인 마리는 불안해하기 시작하고, 그 순간 그녀는 그 상황으로 들어가기를 바라는 2차 과정이 된다. 마리는 우리에게 자신의 가족 모두가 무엇인가에 대해 잘못한 것이 있다고 생각한다고 말한다. 이러한 말이 나오자 큰 웃음이 터지고 나는 모두에게 자신의 잘못에 대해 이야기해 보라고 요청했다. 마침내 이야기들이 나오고 가족 중 유일한 과자 도둑인 알렉스의 어깨에서 무거운 짐이 제거되었다. 가족 모두가 '금지된' 일을 한 잘못을 갖고 있었다.

커플의 신호

만일 우리가 전 가족이 어떤 특별한 주제에 대해 의논하는 것을 지켜본다면, 한 사람의 웃음, 동작 혹은 불안감, 한 사람의 신체 부분이 그 순간 전 가족의 2차 과정을 나타내고 있다는 것을 알 수 있다. 대화의 주제와 함께 이러한 의도되지 않은 신호는 가족 과정을 만들어 낸다. 그래서 집단 환경에서 개인의 신호와 작업하는 것은 개인 과정과 가족 과정을 동시에 작업하는 것이다. 한 부부는 나에게 자신들이 스스로의 감정에 대해 개방적이라고 말했다. 그러나 남편은 머리를 숙이고 어깨를 구부리며 앉아 있었고, 어린 아들은 구석에 홀로 앉아 있었다. 그리고 부모 둘 다 아이의 내향성에 속상해했다. 나는 그 아이에게 더욱더 멀리 떨어지라고 말했고, 전 가족이 경계에 도달하자 가족 구성원들은 예민해졌다. 아이는 울면서 모든 사람이 항상 자기에게 자신의 감정을 보이기를 원한다고 말했으며, 아이는 이러한 요청이 자신의 기분을 무시하는 것이라고 생각했다. 외향적인 두 부모는, 진짜 감정은 때때로 물러서서 조용히 있는 것을 의미한다는 것을 배워야만 했다. 공간에서 아이의 위치와 자신의 어깨로 깊숙이 숙인 아버지의 머리는, 모든 것에 대해 직접적이고 공개적이도록 의도했던 가족에 대한 이중신호, 2차 과정이었다.

영역신호

모든 사람은 공간을 자각한다. 자신의 가족이나 자신이 자랐던 가족을 생각해 보자. 흔히 가족 중의 어느 한 사람은 자리에 없다. 그가 그룹 바디의 무의식적인 부분일 가능성을 생각해 보자. 모든 가족이 집에 있다면, 각자 잠을 자는 정해진 장소가 있고 함께 식사를 하는 식탁에 정해진 앉는 자리가 있다. 누가 어디에 앉는가? 아버지는 식탁에서 상석(上席) 혹은 모서리에 앉는가? 어머니의 자리는 어디인가? 그리고 아이는 각각 어디에 앉는가? 공간 신호와 작업하는 하나의 효과적인 방법은 사람들 사이의 공간을 증폭시키는 것이다. 만일 두 사람이 가깝다면, 더 가까이 하라고 요청한다. 만일 한 사람이 문에 가까운 식탁 끝에 혼자 앉아 있다면, 더 먼 곳으로 움직이라고 요청한다. 한 사람은 문에 가장 가까이 있고, 다른 두 사람은 매우 가까이 있는, 시간과 공간에서의 극단들은 모두 전체 가족의 무의식적 상황을 묘사한다.

내가 작업한 한 가족은, 엄마와 딸이 식탁에 너무 가까이 붙어 앉았다. 내가 그들에게 더 가까이 붙으라고 요청했을 때 그들은 냉정하고 감정이 무딘 아버지와 오빠에 대한 연합으로 그렇게 한다는 것을 즉시 알아차렸다. 그러나 이러한 감정의 결핍은 모든 사람을 괴롭힌다. 아버지와 오빠도 역시 두 여자들이 굳어 있고 냉정하다고 불평했다. 모든 가족이 앉는 위치를 증폭함으로써 드러난 문제로부터 고통을 겪고 있었다.

가족 공간에서 작업하기

공간신호를 금지함으로써 증폭하는 것도 또한 가능하다. 예를 들면, 한 부부가 서로를 이해하기 원한다고 말하면서 나의 상담실을 찾아왔으나, 떨어져 앉아서 서로 다른 곳을 바라보고 있었다. 내가 그들에게 서로 바로 옆에 앉으라고, 신호를 거꾸로 하라고 요청했을 때, 그녀는 남편이 두려우며 남편을 피하고 싶다고 말했다. 남편은 그들이 자신들의 관계에 대한 상담을 위해 내게 왔다는 사실에도 불구하고, 자신의 문제가 그녀와 전혀 상관이 없다고 말했다. 당연히 나는 그들이 자신들의 강력한 2차 과정을 따르고, 서로를 피하면서, 최소한 일주일 동안 서로에 대해 생각하지 말라고 하였다. 나는 그들에게 스스로에 대해 혼자 작업을 하고, 가능한 한 스스로의 상황을 이해하라고 격려했다. 그러나 남편은 그녀를 사랑한다고 말하면서 나의 의견에 저항했다. 그래서 나는 의견을 바꾸어서 서로에게 좀 더 관심을 가지라고 권유했다. 그들은 서로 자신들의 1차 과정을 이해하는 것에 대해 나와 상담하는 것이 즐거웠지만, 후에 그들은 단지 친구로 남기로 결정했다. 사람들이 앉는 방법은 관계에서 깊고

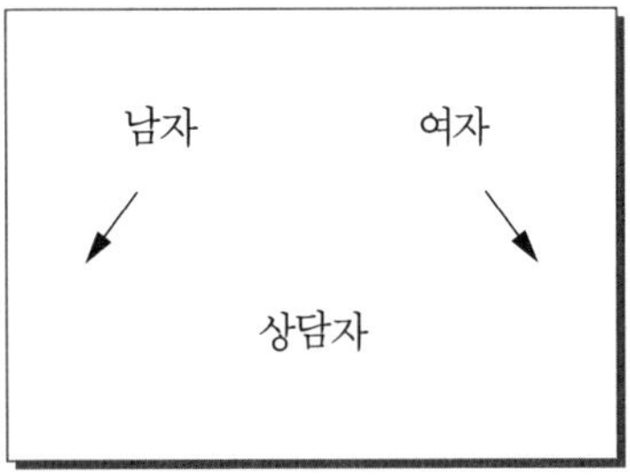

강력한 구조다.

집단신호에 대하여

그래서 사람들이 말하는 것, 그들이 가져오는 문제, 그리고 그들이 하는 말은 집단의 1차 과정이다. 의도하지 않은 모든 진술과 신호는 2차 과정이다. 사람들의 앉는 방법은, 예를 들면 종교의식에서 앉는 위치가 합의된 신앙 체계에 의해 의도적으로 편성된 것과 같이 위치가 의도적으로 만들어진 경우를 제외하고는, 보통 2차 과정이다. 앉고 서는 위치가 의도적으로 편성되면, 누가 어디에 앉는가 하는 관점에서 공간적으로 혹은 사람들이 앉아서 마주하는 방향에서 공간적으로 2차 과정이 나타난다. 그 외에도 집단의 크기와 나이, 주어진 문화에서의 위치, 성장률 혹은 퇴보율과 같은 놀라운 집단신호가 많이 있다. 이 책에서는 공간신호가 가족 작업에서 커다란 실제적 중요성을 지녔기 때문에, 나는 공간신호에 대해 주로 초점을 맞출 것이다.

이혼하는 공간

한 커플이 최근에 상담하기 위해 왔다. 비록 아내 옆에 앉는 것이 두렵다고 말하면서도, 남편은 아내 옆에 앉았다. 아내는 남편이 옆에 앉았을 때 다른 곳을 보고 있었지만 피하지는 않았다. 그들은 이혼 수속 중이었고, 원만하게 해결할 수 있는지 알기 위해 왔다고 말했다. 그들의 1차 과정은 이혼의 상세한 부분을 해결하는 것이지만, 그들의 2차 과정은 그들이 서로 바라보는 방향으로 이루어져 있었다. 그들은 '일을 해결하기 위해' 함께 앉았다. 그래서 나는 부부에게 그들이 서로 바라보는 것처럼 작업하라고 요청했다. 나는 아내에게 "남편을 쳐다보지 마십시오."라고 말했지만 소용이 없었다. 그래서 나는 그녀의 신호를 금지할 수 있다고 생각하면서 "남편을 바로 쳐다보십시오."라고 말했다. 이것은 소용이 있었다. 그녀의 모든 증오가 남편에게 쏟아졌다. 남편은 자신의 반감을 아내에게 나타냈고, 그들은 모두 그때 그곳에서 더 이상 해결하기 위해 노력하는 것을 원하지 않는다고 결정했다. 그들은 충분히 노력했고 이제는 헤어질 준비가 되었고 나머지는 변호사에게 맡겼다.

다른 사례

나는 다음의 사례들에서 영역신호와 과정에 초점을 두기 위해 그 자료들을 간단하게 요약하겠다. 사각형은 내가 상담하는 공간을 나타낸다. 나는 아버지를 '아빠', 어머니를 '엄마', 아들을 '아들', 딸을 '딸'이라고 표시할 것이다. 다음 장면은 내가 가족이나 부부에게 앉는 위치를 그들 스스로 정하고 그들이 원하는 방법으로 시간을 사용하라고 요청했을 때 일어났다. 위치의 의미는 신호의 확대, 금지 혹은 연기(演技)의 결과로 펼쳐졌다.

'아픈' 아이

방의 오른쪽 구석에서 아버지, 어머니 그리고 아들 사이에 연합이 있다. 방의 다른 쪽에는 딸이 혼자 앉아 있다. 이 배치는 세 명의 상담자를 보여 주는데, 상담자가 셋인 것은, 상담자들이 약하며 상담자들이 원하는 만큼 변화하지 않을 '적'에 대한 힘이 필요하기 때문이다. 어린 딸은 홀로 있으며, 그녀는 전 가족에 대한 2차 과정을 나타낸다. 가장 오른쪽에 있는 상담자 한 명은 소녀를 강력하게 편들고 있다. 소녀는 긴장해 있고, 아주 '예민해져서' 거의 말을 할 수 없다. 다른 가족 구성원은 그녀를 미워하고 그녀를 병원에 입원시키기만을 원한다. 가족이 앉은 위치는 가족이 변화해야 한다고 믿는 상담자를 그들이 반대하고 있음을 보여 준다.

1차 과정에 대한 정보를 모은 후에, 우리는 이러한 공간신호를 어떻게 작업할 수 있을 것인가? 우리는 소녀에게 좀 더 먼 곳으로 이동하라고 요청하거나, 상담자에게 가족의 의견에 더 반대하거나 도전하라고 요청함으로써 영역 메시지를 증폭할 수 있었다. 혹은 우리는 그 반대로도 할 수 있어서 가족의 연합을 깨도록 소녀를 가족 사이

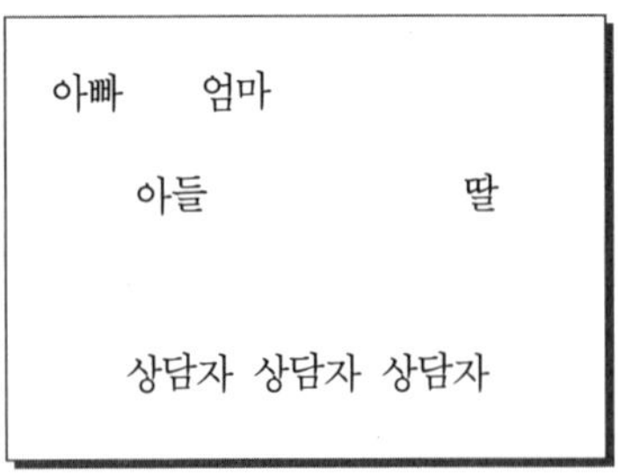

에 앉도록 할 수 있다. 후자의 방법은 암묵적인 가족 사이의 긴장을 빠르게 전경으로 드러나게 할 것이다.

미움을 받는 아버지

다음 설정을 생각해 보자. 아버지가 감옥에서 방금 집으로 돌아왔다. 우리는 공간신호로부터 아버지가 그를 피하는 어머니와 두 아이의 연합에 직면해 있다는 것을 볼 수 있다. 아버지는 이러한 사실에 대해 괴로움을 느낀다. 내가 아버지에게 좀 더 구석으로 이동하도록 격려하자 그는 즉시 울기 시작했다. 아버지는 전 세계로부터 거부당하고 추방되었다고 느꼈다. 어머니와 아이들 또한 아버지의 나쁜 행동에 대해 자신들의 분노를 나타냈다.

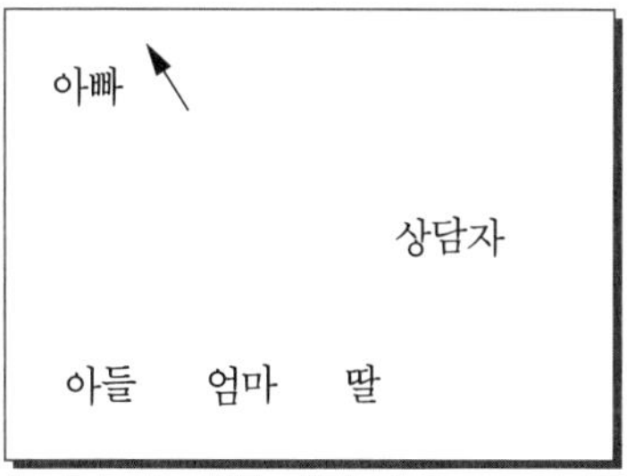

그는 자신의 문제에 대해 가족들에게 도움을 요청했다. 놀랍게도 가족들은 그를 돕기로 결정했다. 상담이 끝날 무렵, 이 가족의 드림바디는 다음과 같이 보였다.

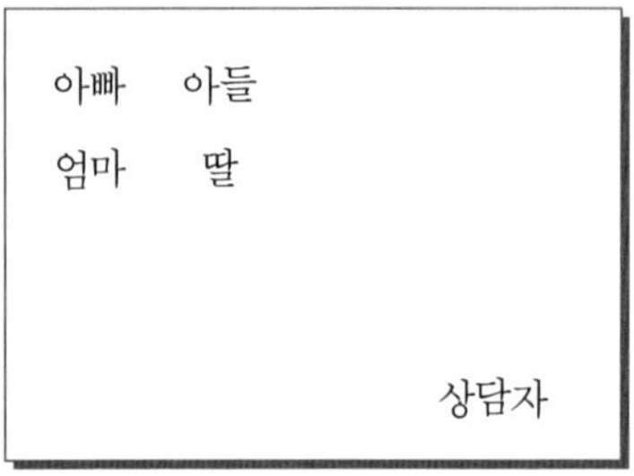

아이들이 있는 가족

다음의 예는, 부모가 자신들과 어린아이들 사이의 경계를 만드는 데 어려움이 있는 가족이다. 결과적으로 그들의 관계는 왜곡되고 긴장되어 있었다. 사실상, 그들은 자주 아이들을 양육하는 방법에 대해 다투었다. 부모는 각자 자신과 같은 성(性)의 아이를 자신의 위치를 강화하는 데 이용하면서, 아버지와 어머니가 서로 대립하고 있었다. 나는 그들과 작업하기가 너무 어려워서 잠시 후 아이들을 대기실로 내보냈다. 이렇게 하자마자, 속에서 부글부글 끓고 있던 부모 사이의 싸움이 폭발하였다. 부모들이 아이들을 완충 역할로 이용하는 것을 멈추게 했을 때에만 부모가 관계를 갖는 것이 가능했다. 이

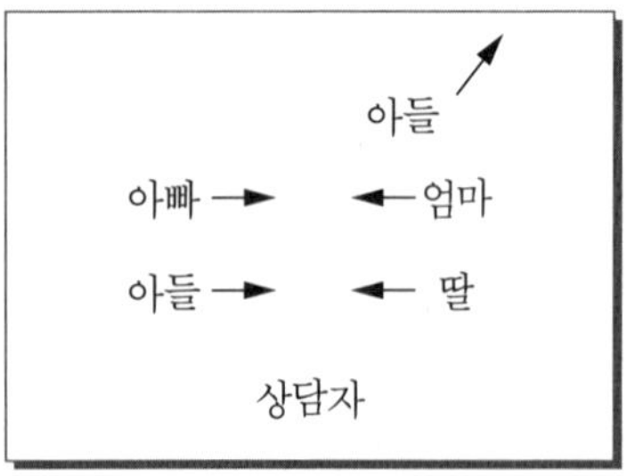

가족의 장(場)은 어린아이가 있는 가족의 전형적인 장이다.

희생양

다음 예에서, 아버지와 딸은 함께 앉아 있고, 둘 다 어머니가 구제 불능이라고 생각한다. 어머니는 의심할 바 없이 이 가족 단위에 대해 무의식적이다. 그녀는 스스로의 일만을 하기 원하며 가족의 생활에는 별로 관심이 없었다.

그래서 아버지가 바로 딸에게 엄마이자 연인이 되었다. 상담자는 어머니가 아버지로부터 더 멀리 떨어지거나 아버지에게 가까이 가도록 격려할 수 있었다. 나는 후자를 선택했고, 그리고 그녀는 별다른 이유가 없이 남편을 좋아하지 않는다는 것을 인정했다. 나는 딸이 엄마에게 동의하고 아버지에게 변화하도록 요청할 때 충격을 받았다. 그 아이는 의사소통이 끊어진 어른들 사이에 있어서 표현의 중개자였던 것이다.

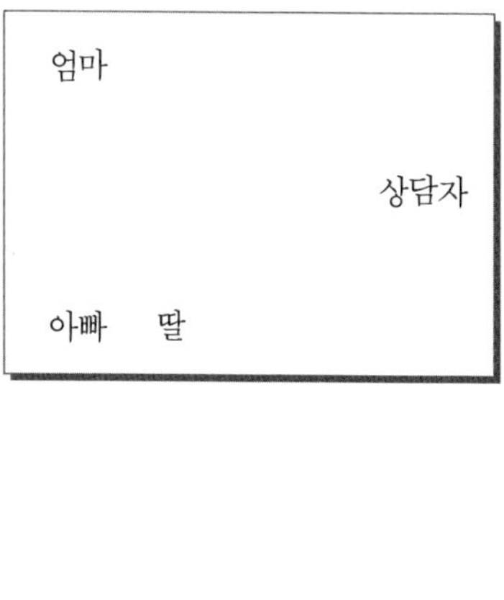

영역 없음

아래의 부부는 소파에 함께 앉아 있다. 그들은 서로 매우 따뜻하고 사랑하는 것처럼 행동하지만, 그러나 그들 사이에 영역이 없다는 사실 때문에 고통을 받고 있다. 그들은 둘 다 자신의 감정에 대해 명확히 하는 데 어려움을 가지고 있었다. 나는 그들에게 좀 더 가까이 하도록 요청하는 것을 선택했고 마침내 폭발이 일어났다. 영역의 창조가 시작된 것이다. 물론 나는 신체 제스처도 같이 작업할 수 있었다. 그녀는 남편 옆에 앉았지만 나를 바라보았다. 남편은 아내 가까이에 앉아서 우리를 둘 다 반반씩 바라보았다. 그녀는 남편에게 친절하기를 원하는 이중신호를 암시하고 있었지만, 동시에 남편과 거리를 두기를 원했고 그렇게 하기 위해 나의 도움이 필요했다.

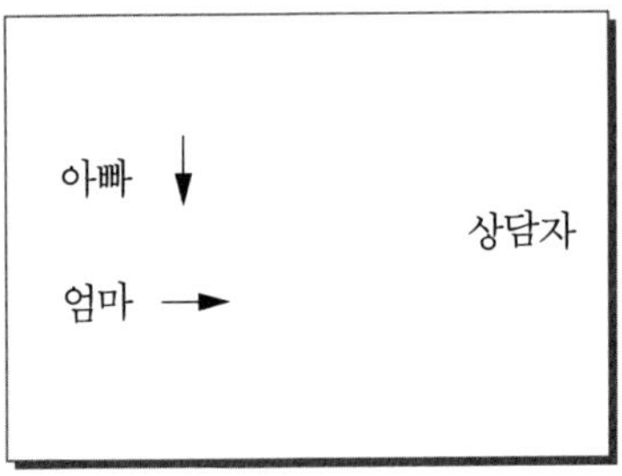

자신의 것을 위해 거리를 두고 영역을 만드는 것은, 종종 소위 발기부전이나 불감증과 같은 일반적인 문제다. 만일 당신이 관계에서 명확하게 영역을 만들지 않는다면, 당신이 흥미를 잃거나 또는 도리어 "접근하지 마시오. 여기는 내 영역입니다!"라는 이중신호로

파트너가 흥미를 잃게 만든다.

헤로인

다음 그림은 가족 중에서 가장 나이가 어린 동생을 보호하는 나이가 많은 두 명의 여자 인물을 보여 주는데, 막내는 헤로인에 중독되어 있다. 나는 보호자들에게 막내를 더 보호하고 그녀의 인생에 들어가라고 요청함으로써 이러한 구성을 만들었다.

나는 막내가 비록 수년 전에 집을 떠났으나, 나이 든 언니들에게 막내의 삶에 대해 좀 더 책임을 지고 그녀의 헤로인 중독 습관을 끊도록 도우라고 요청하였다. 그들은 동의했고, 후에 막내가 헤로인을 끊었음을 알게 되었다.

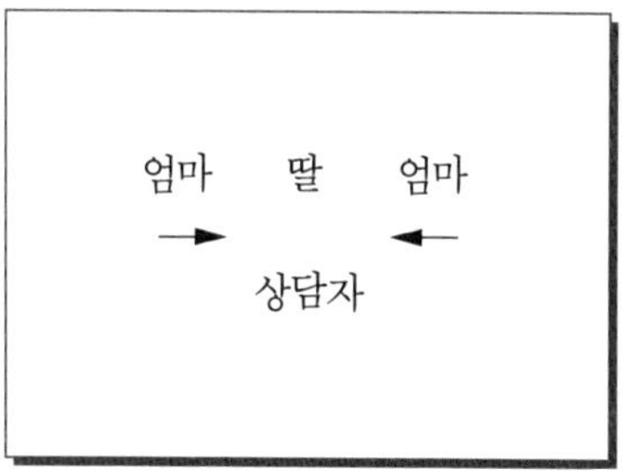

술과 체념

아래와 같은 공간적 상황은, 자신이 풀어야 할 많은 문제를 의논하면서 나와 마주하는 한 남자를 보여 준다. 여자는 뒤로 기대어 앉아 있다. 나는 갑자기 남편이 "술"이라는 말을 언급하자, 아내가 등 뒤로 자신의 손을 짚고 더 기대는 것을 알아차린다.

나는 그녀에게 더 뒤로 움직여서 차라리 누우라고 말한다. 잠시 후, 그녀는 다시 앞으로 움직이며 남편의 음주 문제에 관해 포기하는 것도 이제는 지쳤다고 말했다. 나를 마주하는 남편의 위치는 이혼이라는 결과를 가져올 것으로 생각하는 아내의 분노를 피하는 방법이었다. 나는 그때 그곳에서 그들이 바로 이혼하고, 그리고 음주 문제에 대해 내어 놓도록 격려하였다. 그녀는 매우 강력해졌고, 남편은 진실로 감동을 받아 변화하기를 원했다. 남편이 술을 포기하고 갈등을 피하는 것이 2차 과정인 장(場)의 한 부분이었다.

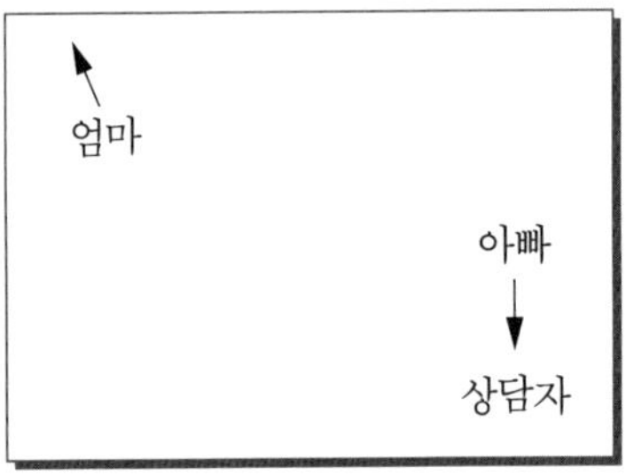

비난 대상

아침 8시에 시작해서 저녁으로 움직이는 하루의 '일과표'를 만들어 보자. 그리고 아래의 가족이 시간을 사용하는 방법을 보자.

어머니는 아침에, 아버지는 밤 9시에서 10시, 아이들은 하루 종일 집에 있다. 이 상담에서 아버지는 어머니로부터 집에 잘 있지 않는다고 공격을 받았다. 그가 밖에 나가 있고 가족에 대해 부정적인 자신의 이유에 대해 인정했을 때, 분위기는 좋아지고 가족은 안도하게 되었다. 그러나 도표에 의하면, 어머니도 충분히 집에 있지 않았다. 그녀가 처음부터 가족을 결코 원하지 않았다는 것을 인정했을 때, 원래 아버지의 문제였던 것이 어머니에게도 속하는 것으로 결론이 났다. 나는 그 가족이 '어머니의 도우미'를 고용하도록 권유했고, 적어도 초기에는 모든 사람이 안도하게 된 것처럼 보였다.

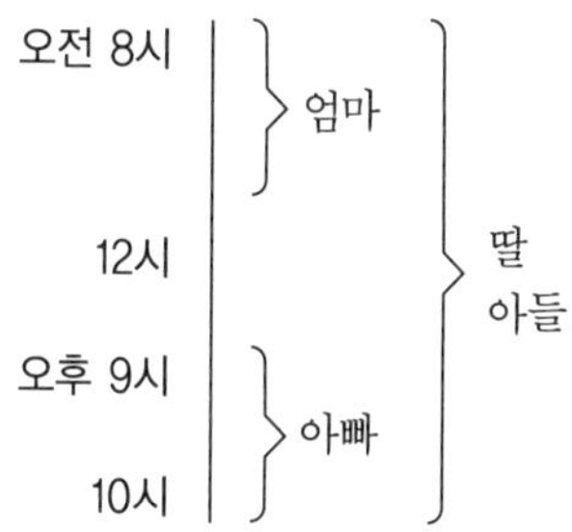

십대가 있는 가족

십대의 아이들이 있는 가족의 하루 일과표는 다음과 같다.

엄마는 오전 8시에서 10시까지 집에 있는데 그 시간에 다른 사람은 아무도 없다. 그러나 각자는 '가족과 함께하지' 않는 것에 대해 서로를 비난하고 있었다. 내가 그림을 만들어 가족에게 보여 준 후에, 가족들은 모두 성장해서 가족을 떠나기를 원했다고 고백했다. 부모는 중년의 위기 가운데 있었고, 자신들의 일을 할 필요가 있었

오전 8시	엄마
10시	아들
12시	딸
오후 10시	아빠

다. 아이들은 성장 중이었으며, 성인이기를 원하고 스스로의 인생에 대한 책임감을 갖고 있다는 것을 말할 준비가 되었다.

아이들과 부모

아이들은 종종 아주 직접적인 방법으로 가족에 대한 2차 과정을 보여 준다. 나는 소아과 의사에 의해 보내진 한 소년을 기억한다. 아이의 만성적인 기관지염과 폐렴 발작이 약물치료에 거의 반응하지 않았기 때문이다. 나는 전 가족을 함께 보기로 결정했다. 가족 중 아버지와 아이가 한 모퉁이에, 어머니는 다른 모퉁이에 앉았다. 아이는 계속해서 기침을 했다. 나는 아버지에게 어머니에게로 더 가까이 이동하라고 요청했고, 즉시 믿기 어렵고 고통스러운 이야기가 터져 나왔다. 어머니는 편집증 증세로 밤마다 고통을 받았고 아버지를 목 졸라 죽이려고 했던 것이다. 아버지가 그 이야기를 할 때, 명백히 이러한 밤의 장면을 몰랐던 어린 소년은 기침도 하지 않고 충격을 받아 눈을 크게 뜨고, 말없이 어머니를 바라보면서 그 자리에 앉아 있었다. 이 가족의 경우, 어머니의 비정상성과 이 문제를 다루는 아버지의 약한 방법과 아이의 질식할 것 같은 감각은 모두 하나로 묶여 있었던 것이다.

어린아이의 천식

또 다른 가족 체계의 경우에는, 어린아이가 심하고 치명적인 일 수도 있는 천식으로 고통을 받고 있었다. 나는 세미나에서 그 가족을 처음 만났으며, 부모가 너무 서로에게 점잖고, 직접적이고 공격적인 것에 저항하는 경계를 가지고 있다는 것이 분명해 보였다. 전체 세미나 내내 그들의 아이는 그 장면에서 아주 편안해했고 그 세미나 동안 노는 데 주저함이 없었다. 그러나 내가 다른 사람을 상담하는 한 세션에 아이는 중앙으로 뛰어 나와, 내가 작업하고 있는 사람을 보호하기 시작했다. 아이는 나의 호흡을 차단하려고 내 코와 입을 자신의 작은 손으로 막았다.

이 행동은 매우 의미가 있다. 나와 작업했던 천식을 겪는 사람들은 그들의 증상을 모두 마치 어떤 것, 어떤 사람이 그들을 질식시키는 것처럼 경험했다. 소년과 함께, 나는 역할을 바꾸어 아이의 호흡을 차단하면서 천식을 만드는 사람처럼 행동했다. 처음에 아이는 깜짝 놀랐지만, 느리게 그러나 확실하게 작은 팔을 공중으로 올리고 내게 저항하면서 "슈퍼맨!" 이라고 외쳤다. 아이의 천식은, 아이 내면의 '슈퍼맨의 힘', 그의 남성적인 기질을 자극하려는 도전자처럼 행동했다. 아이는 자신의 남성적 에너지를 자극하는 천식이 필요했던 것이다. 왜냐하면 아이가 살고 있는 가족의 체계는 극적인 도전과 영웅적인 능력을 억압하려는 경향이 있었기 때문이었다.

당부의 말

이 부분을 읽는 젊은 부모(그리고 심지어 몇몇 나이 든 부모)는, 그들이 온전하고 개별화되어 있을 때 그들의 자녀들이 결코 아프지 않을 것이라는 결론을 바로 내릴 거라고 확신한다. 나는 그런 부모에게 한마디 경고가 필요하다고 생각한다. 아이들의 병은 주어진 가족의 상황에 의해 '야기되는' 것이 아니다. 같은 상황에서도 아주 비슷한 체계가 서로 다른 증상이나 혹은 전혀 증상이 없는 것으로 연관될 수 있다. 성인과 마찬가지로, 아이는 한 개인이며 어떤 질병에 쉽게 걸리거나 마찬가지로 어떠한 외부 환경으로부터 그를 보호하는 특정한 천성을 가지고 있다. 따라서 어떤 주어진 질병은 가족 체계에 의해 야기되지 않고도 완벽하게 가족 체계에 들어맞을 수도 있다. 가족의 무의식 과정에 대한 작업은 증상을 완화시킬 수도 있지만 아이 자신의 질병 소질과 성장 과정을 바꾸지 않을 수도 있다.

아이로부터 배우기

확실히 아이와 함께하는 드림바디 작업의 가장 흥미로운 측면은 아이가 가족의 알려지지 않은 것을 반영하는 것이다. 상담을 하러 온 상대적으로 평범한 가족의 예를 보자. 어머니는 자신이 가족 내

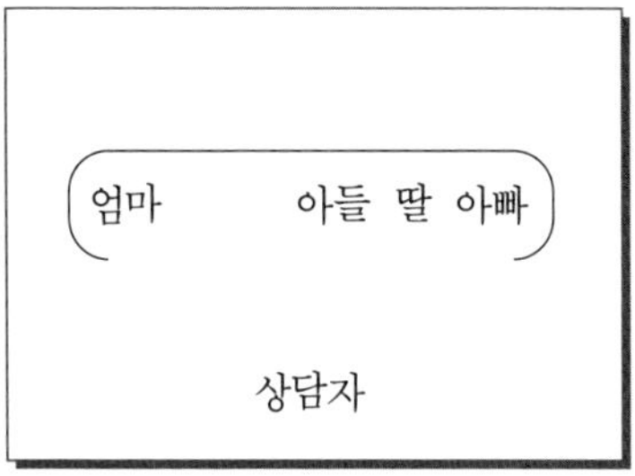

에서 악역을 맡은 사람이라고 느끼고 있었다. 그녀는 규칙을 만들어야 하고 아이들에게 거부되는 권위자여야만 했다.

나는 앉아 있는 가족들의 배치에서 그녀가 말하고자 하는 것이 정확하다는 것을 보았다. 그녀는 큰 소파의 한쪽 끝에 홀로 앉았고 아버지와 아이들은 다른 쪽 끝에 앉았다. 어머니와 그녀의 규칙은 이 가족에게 2차 과정인 것으로 보였다. 먼저 나는 한 아이에게 어머니와 어머니의 규칙에 대해 적대적인 감정을 표현해 보라고 격려하였다. 그러나 아이들이 이 규칙에 반대하는 것이 아니라는 것이 밝혀졌다. 아이들은 스스로 규칙을 만들 수 있기를 원했다. 이것은 특히 아이들이 TV 시청과 청소에 대한 규칙을 스스로 만들었을 때, 심지어 부모를 행복하게 만들었다.

작업이 진행됨에 따라, 나는 연극을 하기 위해 아이들의 좋은 기분을 이용했다. 나는 아이들에게 어떻게 부모를 경험하는지 정확하게 연기해 보라고 요청했다. 아이들은 하루 중 가장 최악의 순간을 보여 주었다. 아버지는 집에 오면 피곤해서 아이들에 의해 방해받기를 원치 않았다. 그러나 아이들이 아버지가 집에 오는 장면을 연기할 때, 아이들이 평소 본연의 아버지를 묘사하는 것이 아니라 안식과 조용함을 위해 소리 지르며 화내고 성난 아버지를 묘사하기 때문에 우리는 놀랐다. 더구나, 이 화가 난 아버지는 인색하고 가족을 위해 쓸 돈이 없었다. 그 연극을 지켜보는 본연의 아버지는 자신을 변명하며 자신을 정말로 좋은 사람이라고 말했다. 실제 이 아버지는 인색하거나 야비하지 않았다.

여기서 일어난 것은, 아이들이 아버지에 대한 2차 과정을 연기한 것이다. 아이들은 아버지의 실제 행동이 아니라, 아버지가 무의식적으로 느끼는 것을 묘사한 것이다. 아이들은 아버지의 이중신호를 알았고, 아버지의 진짜 자아에 대한 교훈을 가르쳐 준 것이다. 나는 아버지에게 자신의 선생님들(즉, 아이들)에게 배우고, 가족에게 좀 더 명확해지며, 그리고 "안 돼."라는 말을 더욱 자주하라고 요청했다. 그는 기꺼이 동의했고, 몇 가지 규칙을 정할 수 있을 정도로 실제로 안도하였다. 이 가족은 서로 좀 더 명확해지는 것을 배움으로써, 그들의 2차 과정인 어머니를 통합했다.

가족 신화

상담자는 또한 커플이나 가족에게 자신들의 최초의 만남 시기나 혹은 첫아이의 탄생 시기에 있었던 첫 꿈, 환상 혹은 사건에 대해서도 물을 수 있다. 혹은 상담자는 가족 관계에서 중요한 순간에 발생했던 어떠한 크고 우연한 사건에 대해 물어볼 수도 있다. 각각의 커플은 자신만의 이야기를 가지고 있다. 연인들은 자신의 비밀스러운 만남에 대해 이야기한다. 결혼한 커플은 결혼식 가는 길에 차바퀴가 터졌거나 혹은 진흙에 빠진 예복에 대해 이야기하기도 한다. 다른 커플들은 결혼식에서 싸우고 다투는 그들의 부모에 대해 이야기를 한다. 동성애 커플은 세상과의 그들의 싸움에 대해 말한다. 이런 모든 이야기들은 자주 그리고 확연하게 수년 후에 일어날 문제의 의미를 예언하거나 설명하는 신화적인 징조이거나 중요한 꿈이다.

잠재적인 패턴으로서 초기 꿈과 사건을 이용하는 것은 특히 관계가 위기 상태에 있을 때, 자주 사람들을 매우 편안하게 해 준다. 나는 아주 큰 문제를 지녔던 한 커플을 기억한다. 그녀는 바닥을 내려다보며 남자가 관계에 대해 작업하기를 원한다고 이야기할 때마다 거의 대답을 하지 않았다. 그들은 아주 먼 거리를 유지하고 있었다. 이 거리는 분리의 과정인 2차 과정처럼 보였다. 나는 그들이 서로 볼 수 없도록 그들 사이에 담요를 놓고, 아래를 내려다보는 여자와 작업을 했다. 그녀가 "무엇을 하는 겁니까?"라고 물었을 때 나는 말했다. "바로 그것을 나에게 말해 보시오." 그녀는 즉시 방을 가로질러 가면서 이혼을 원한다고 말했다. 남자는 당황했고 항의를 했다. 그래서 나는 자신들의 원래의 꿈과 기억에 대해 말하도록 요청했다. 그녀는 첫 만남 바로 후에 남자가 그녀의 성기에 총을 쏘아 죽이는 꿈을 꾸었다고 말했다. 남자는 그들이 함께 보낸 첫날밤에 성교하지 않기로 결정했다는 것만을 기억했다. 이러한 꿈과 기억에 대해 질문받았을 때, 나는 그녀가 남자를 위험한 대상으로 경험했다는 것과, 그는 일부 유보된 관계를 경험했다는 것을 말해 주었다. 어쨌든 그 꿈과 기억은 그 커플에게 함께함에 대한 1차 과정을 괴롭혀 왔던 객관적인 패턴을 제공하였다. 그들은 둘 다 유보의 조항과 함께 이별의 가능성을 조사해 보기 위한 우정을 유지하기로 결정하였다.

역경(易經)

커플의 과정을 확인하는 다른 수단은 역경(易經)을 이용하는 것이다. 가족생활의 전통적 가치에 대해 분쟁 중인 한 커플은, 6효(爻, hexagram)에서 전통과 갈등을 빚는 변화를 의미하는 '혁명(Revolution)'을 뽑는다. 또한 되풀이되는 어려움으로 앞날이 막힌 다른 커플은, 현자가 반복되는 어리석음으로부터 스스로를 유연하게 구제하고 스스로 발생하는 변화를 기다리는 것을 의미하는 '발랄한 어리석음(Youthful Folly)'을 뽑는다. 이 커플은 큰 변화가 일어나기 전에는 그러한 어리석음을 포기할 수가 없었다.

초기 꿈, 환상, 사건과 역경의 6효에 대해 놀라운 것은, 커플에게 그들의 경계가 무엇인지를 물어봄으로써 그 모든 것을 추측할 수 있다는 것이다. "당신이 파트너와 함께할 수 없는 일은 무엇이며, 상대방에게 말할 수 없거나 같이할 수 없는 일은 무엇인가?"라고 물어보자. 그러면 1차 과정과 연결된 경계는 개인과 자신의 관계 이면의 전 과정과, 지배적인 신화를 밝혀 내도록 돕는다.

이 장에서 우리는 2차 과정이, 집단에 포함된 개인의 이중신호에 의해서뿐만 아니라 앉아 있는 배치와 그들이 바라보고 있는 방향에 의해서도, 어떻게 수행되어 왔는지 살펴보았다. 나는 또한 역경과 초기 꿈이 어떻게 2차 과정을 밝혀 내는지도 알아보았다. 연기를 하는 아이들도 이런 기본 과정들을 나타낸다. 이러한 과정의 중요성은, 가족들에게 만연되어 있는 문제가 2차 현상에 대한 언급에 의해 종종 해결될 수 있다는 것을 우리가 기억할 때 명백해진다.

CHAPTER

08

커플과 함께 작업하기

CHAPTER

08 커플과 함께 작업하기

다음의 50대 후반 커플은 오랫동안 계속된 어려움 때문에 나를 만나러 왔다. 여자는 심리학자였고, 남자의 질투에 지쳤다고 주장했다. 남자는 질투하지 않았다고 했지만, 아내와 마음이 맞지 않는다고 말했다. 그의 생각에는 여자가 자기를 사랑하지 않는다는 것이다.

그들이 내 사무실에 들어온 뒤로, 여자는 전문가답고 거만하게 보이며 뒤로 기대어 앉아 있었다. 남자는 사업가처럼 옷을 입고 있었다. 그녀는 나에게 남자가 그녀에 대한 저항을 인정하지 않는다고 말했다. 나는 그녀에게 이 이야기를 남편에게 하라고 말했다. 남자는 그녀가 하는 말이 무엇인지 모르며, 자신은 아무런 저항도 안 했다고 대답했다. 나는 질문을 다시 만들어 남자에게 그녀에게 말할 수 없는 것이 무엇인가를 물었다. 이 질문과 함께, 나는 그들을 그들의 꿈의 장으로부터 분리시킨 경계를 찾아보았다. 그는 머뭇거리다가, 자신의 고통스러운 주제에 대해서 그녀가 관심 없어 하는 것을 느끼기 때문에, 그녀에게 말할 수 없다는 것을 인정했다.

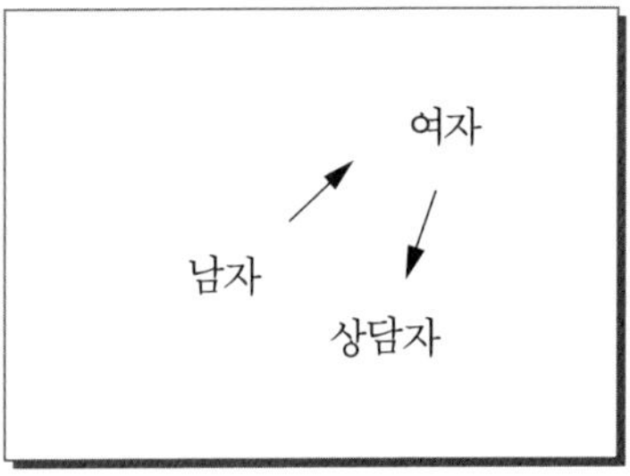

그들은 둘 다 분명하게 그들 최고의 예절을 지키고 있었다. 실제로 그들의 자세는 감정적으로 소원(疏遠)한 고도의 지적(知的) 인물이라는 인상을 주고 있었다. 나는 그들이 비난을 지성적으로 처리하고 상대방 탓으로 돌리는 말을 들은 후에, 그들이 서로로부터 움츠러드는 것을 관찰하였기에, 그들을 개별적으로 작업하기 위해 감정적으로 분리시켰다. 나는 남자에게 최근에 어떤 꿈을 꾸었는지 물었다. 그는 자신이 죽어 가고 있다는 것을 알면서도 어느 누구에게도 말하지 않으며 죽어 가고 있는 사람에 대해 꿈꾸었다고 말했다. 우리는 이것이 아마도 큰 고통 속에 있는 남자의 일부분일 거라는 생각에 동의했다. 그 투사는, 그녀가 남자의 고통에 관심이 없을 것이라고 그가 생각한다는 것이다. "무엇에 대한 고통입니까?"라고 나는 그에게 물었다.

그는 말하기를, 그가 파트너를 필요로 할 때 그를 위해 일하느라 그곳에 없는 아내를 가지고 있다는 것을 인정하는 것이 매우 어렵다고 말했다. 그는 바닥을 내려다보며, 그녀의 전적인 관심 없이는 살 수 없다고 말했다. 이렇게 말하고 그는 울기 시작했다. 그녀는 가만히 모든 것을 귀 기울여 듣고, 여전히 남자를 바라보며 그녀의 몸을 나에게 돌렸다. 나는, 그가 경계를 극복하는 것이 또한 그녀를 경계로 이끌고 있다는 것을 인식하며, 그녀에게 자신의 몸이 하고자 하는 것을 따르라고 말해 주었다. 나는 그녀에게 완전히 나를 향해 돌아서도록 요구했다. 그녀는 자신이 감정적이 되는 것도 원하지 않고, 또 어떠한 긴장도 원하지 않는다고 망설이면서 말했다. 그녀는 자신이 남자와 너무나 많은 논쟁을 해 왔기 때문에 이미 자신들의 관계에 대해 완전히 절망적이 되었다고 말했다. 그녀는 더 이상 화를 내고 싶지도 않고, 고통에도 관심이 없다고 말했다.

나는 이것을 그에게 이야기하라고, 즉 그녀의 이중신호는 그녀가 문제를 원하지 않는다는 것을 그에게 직접 이야기하라고 말했다. 그가 그 자신에게 투사하는 것(그녀가 고통에 대해서 말할 수 없다는 것)이 진실임을 말하라고! 그리고 나는 그에게, 그도 또한 고통에 대해서 말하고 싶지 않으며, 대신 조용히 죽고 싶다는 것을 그녀에게 반복하라고 말했다. 이렇게 고통 회피에 의식적으로 초점을 맞추는 것은 순식간에 반대 효과를 일으켰다. 그녀는 남자가 정말로 미쳤다고 소리 지르며 고함을 치자, 남자도 자신에게 고함을 친다고 그녀에게 소리쳤다. 긴 시간 동안의 감정적 교환 후, 그녀는 차분해져서 나에게, 자기가 혼자 역경(易經)의 괘를 참고할 수 있는지 물었다. 그녀는 39번 고(蠱, Obstruction) 괘를 뽑았으며, 그 괘는 세계로부터 사라지고 싶어 하는 현자에 관한 것이지만, 그 길은 막혀 있고, 그리고 현자는 역경에 빠진 사람들을 돕기 위해 돌아와야만 한다는 것을 말하고 있다.

그녀는 자신에게 이것이 딱 맞다고 말했다. 심리학자이기 때문에, 그녀는 자신이 그녀의 결혼 관계로 반드시 돌아와서 문제를 해결해야만 한다는 것을 알고 있었다. 실제로 그녀는 그 문제들을 스스로 풀려고 했다. 그녀는, 역경(易經)의 반대, 즉 그녀가 "도와주어야 할 세상으로 돌아가야 한다."고 권고한 것을 깨닫지 못한 채, 일어나서 내게 고맙다고 하면서 문 쪽으로 걸어갔다. 그러자 남자는 갑자기 폭발해서, 비록 그녀가 문제를 내적으로 받아들이는 것처럼 보일지라도, 그녀는 정말로 그를 무시하고 미워하는 것 같다고 소리쳤다. 그녀는 망설이다가, 그가 옳다고 인정하고 다시 자리에 앉았다. 그는 다시 자신의 고통에 대하여 그리고 '인생'이 얼마나 힘든가 말했다. 그러자 갑자기, 그가 자리에서 일어나, 그녀가 관심이 없을 때는 그녀와 의사소통하는 것이 정말 불가능하다고 주장하면서 떠나가고 싶어 하였다. 나는, 그가 떠나려 하고 있고, 그의 그녀에 대한 관심 부족을 도리어 그녀에게 투사하고 있다고 지적하고, 그가 그녀에게 요구하는 대화 나누기, 즉 앉아서 의사소통 작업하는 것을 하도록 권했다. 그는 이 시점에서 심하게 울기 시작했고, 그 후 그녀는 처음으로 그의 고통을 보고 마음이 움직여서 남자 옆에 앉아 자신의 팔을 들어 그의 어깨를 감쌌다.

이 작업은 여러 가지 흥미로운 점을 갖고 있다. 첫 번째, 이 남자는 자기의 감정을 표현하는 데 장애를 갖고 있었고 그리고 이것을 여자에게 투사했다는 점이다. 그는 고통에 대해 이야기하지 않는 자신 안의 존재를 아내에게 투사했고, 그리고 이것이 꿈에 반영되었던 것이다. 그러나 그의 감정 표현의 무능력은, 그에게 조용하고 요구하지 않는 겉모습을 만들어 주었으며, 그것은 그녀에게도 어려움을 회피하려는 완벽한 변명이 되었다.

그러나 그녀는 단지 꿈만 꾸지는 않았다. 역경은 그녀에게 고난 속으로 들어가서 긴장을 견디고, 그리고 문제를 해결하라고 알려 주었다. 이제 50대 후반인 그녀 또한 그와 함께 풀어야 하는 문제들을 가지고 있지만, 두 사람 다 긴장을 원하지는 않았다. 두 사람은 모두 절망해서, 죽고 싶어 하였다. 이것은 역경의 6효와 고통을 회피하는 그녀의 이중신호에서 스스로를 나타내었다.

절망감

그 남자와 여자는 똑같은 무의식적인 문제를 가지고 있다. 한 사람이 그 문제를 가면(페르소나)을 통하여 다룬다면, 상대편은 우울증에 빠지게 되며 현실에서 도피하게 된다. 두 사람 다 비슷한 경계를 갖고 있다. 염세적인 현상은 많은 사람들에게, 특히 50대 이후의 사람들에게 나타나는 특징이다. 그러나 매우 놀라운 일은, 젊은 사람들 중에도 절망적이어서 고통을 피하려 하며, 어떠한 좋은 일도 나에게 생기지 않을 것이라고 믿는 사람들이 많이 있다는 사실이다.

부분적으로, 절망은 격려와 적절한 관계의 통로가 없이는 사람들과의 관계를 포기할 수밖에 없다는 사실 때문에 발생한다. 그들은 단지 혼자 갈 수밖에 없다. 그들은 그들의 파트너가 바뀔 수 없다고 생각하거나, 그러한 변화는 엄청난 고통을 가져올 것이라고 추측하거나, 아니면 그들의 관계를 변화시킬 필요가 없다고 간주해 버리게 된다. 그녀가 심리학자였기 때문에, 이 커플에게서는 여자가 남자보다 더 현명하고 지적일 것이라는 믿음의 추가적 어려움을 갖고 있었다. 그녀는 남자에 대한 관심과 언급 없이 다만 자신을 변화시키려고 하였다.

문제를 완화시키기 위한 내향화

절망은 사람을 내향적으로 만들거나, 그들 스스로 작업하도록 한다. 그 여자가 역경을 참고함으로써 내향화(內向化)하려는 시도는 그 남자를 화나게 했고, 두 사람의 관계를 방해하였다. 마찬가지로 떠나려는 남자의 소망은 관계 개선의 가능성을 거의 없애 버렸다. 관계의 어떤 순간에서, 위축되어 무엇인가 일어나고 있는 것에 반응하려는 경향성은 존재하는 문제들을 증가시킴으로써 도리어 파괴적이 될 수 있다. 이것은 개인적 변화가 최고로 가능한 선(善)이라는 개념과 모순된다. 이러한 종류의 변화를 위해서는 적절한 시간과 장소가 있는데, 이것은 도(道)의 문제다. 개인적 변화는 때로는 도피나 혹은 고통을 피하는 방법으로 사용될 수 있다. 내향화는 만일 그것이 관계의 한 단계가 아닌 목표가 된다면 문제가 될 수 있다.

총체적 드림바디

두 가지 경험적 사실이 눈에 띈다. 첫째는, 이 예에서 우리가 누가 문제의 원인이고 누가 결과인지 말할 수 없다는 것이고, 두 번째는 그들이 발생시킨 문제에 해답이 없다는 것이다. 그 또한, 그가 포기하고 죽는 것을 꿈꾸도록 한 것만큼이나 마찬가지로 그녀가 고통을 피할 수 있도록 꿈꾸게 하였다. 질투에 관한 그녀의 초기 불평도, 사랑이 부족하다는 그의 불평도 직접적으로 해결되지 않았다. 이러한 사실들은 우리에게, (1) 직선적 인과관계는 없으며, 어느 한 사람도 다른 사람에게 '나쁜 짓'을 하지 않았다는 것과, (2) 풀어야 할 필요가 있는 문제는 없다는 결론을 내리게 한다. 한 사람이 잘못이라거나 언젠가는 풀어야만 하는 문제가 있다는 바로 그런 생각은, 커플의 1차 과정에 속하며 새로운 2차 과정에 대해서는 최소한의 영향을 줄 뿐이다.

이 커플의 드림바디에 있어서, 고통을 피하기 위한 1차 부분은 이중신호와 의사소통하는 법을 배우는 것이다. 드림바디의 모든 부분은 더 큰 단위의 부분들로서 알아차림을 발전시킬 필요가 있다. 그는 고통을 감추는 역할을 연기하고, 그녀는 더 이상 문제를 해결하는 데 관심이 없는 역할을 연기하고 있는 것이다. 고통에 대한 그들의 경계 모두를 작업함으로써, 그 두 사람은 그들이 함께 있을 때 서로 더 잘 소통하게 되었고, 그들이 혼자 있을 때 서로에 대하여 더 좋게 느끼게 되었다.

루스와 데이비드

다음 사례에서는 어떻게 커플의 구성원이 전체적인 과정의 역할이 되었는지 분명하게 볼 수 있다. 여기에 기술된 부분은, 많은 주제들이 작업된 장기간의 상담 중의 일부분이다. 루스와 데이비드는 중년 후기이며 다섯 명의 아이를 두고 있다. 그들은 둘 다 전에 개인적으로 상담을 받은 적이 있고, 지금은 커플로서 상담을 받고 있다. 그들은 거의 1년 동안이나 없었던 성적(性的) 접촉에 대해 논의하고 있다. 대화가 시작됨에 따라, 데이비드는 바닥에 앉아 있고, 루스는 의자에 더 높게 앉아 있고, 그리고 상담자는 그들 사이에 삼각형을 그리며 앉아 있다.

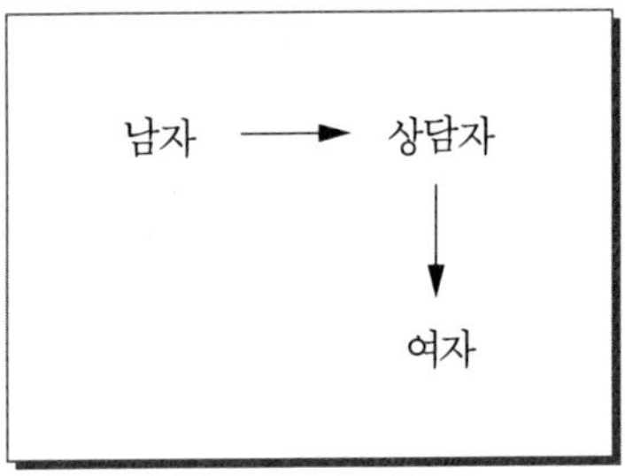

당신은 다음을 읽을 때 언어적 내용과 대화의 감각을 따르는 것이 얼마나 어려운가를 주목해 보기 바란다.

상담자: 그래서, 당신들 두 사람 사이에 성생활이 어떻습니까? 무엇이 빠져 있습니까?

루스: 무엇인가 조금 성적인 느낌이 부족합니다.

데이비드: (초조해져서) 잠깐만 기다려요. 모든 것이 아직 새롭고, 섹스는 이제 시작입니다.

루스: (높아진 목소리로) 나는 다만 내가 일주일 동안 한 번밖에 관계를 못 가졌고, 내가 우울하다는 말을 하는 것입니다. 나는 더 많은 사랑이 필요하지만 가지고 있지 못하다는 것을 알았습니다.

상담자: 왜 데이비드에게 요청하지 않습니까?

루스: 내 파트너가 그렇게 할 때, 나 또한 할 수 있습니다.

데이비드: (기침) 나는 한번에 모든 것을 다 할 수는 없습니다.

루스: 나는 그를 고무시키지 못합니다. 나는 누군가 나를 돌봐 줄 사람이 필요합니다. 나는 충분히 받기만 바라지만, 그것 때문에 싸우고 싶지는 않습니다.

상담자: 그에게서 충분히 받기를 원하는가요?

루스: 예, 당신과(데이비드에게). 만약 내가 행복을 얻지 못한다면, 그땐 (부드럽게) 난 다른 사람을 찾을 겁니다. 그렇지만 (웃으면서) 보십시오. 이것도 도움이 되지 않을 것입니다. (그녀의 목소리가 작아진다)

상담자: 당신은 이 사건을 어떻게 상상합니까?

데이비드: 슬프네요. 그것은 잘 안 될 것입니다. 하지만 나는 촛불, 분위기 그리고 거품 목욕을 기대합니다.

상담자: 데이비드가 그런 것과 더불어 당신을 도와줄 것 같네요.

데이비드: (광대짓을 하면서) 거품 욕조 속에서는, 도와주지 못해요. (모두 웃었다)

루스: (데이비드에게 돌아서며) 내가 말할 때에 당신 어땠어요?

데이비드: (그녀의 질문을 무시하며) 우선 나는 감기를 떼어 내고 술을 끊어야 해요. (기침)

루스: (앞의 말을 이어) 나에게 가장 중요한 일은 나를 도와줄 사랑이란 말이에요. 나는 그런 것처럼은 싫지만, 그러나 내가 뭘 할 수 있겠어요.

상담자: 그에게 물어보세요.

데이비드: (기침) 먼저 내 감기가 낫도록 해 줘요.

상담자: (데이비드에게) 무슨 의미인가요?

데이비드: 나는 열로 고생하고 있어요.

루스: 지난주에는 당신 열도 없었어요.

데이비드: 우울해졌어요. (다시 기침을 한다)

루스: 내 사랑과 삶이 지나갑니다. 점점…….

상담자: 음. (데이비드에게) 당신의 발은 무엇을 하고 있습니까?

데이비드: (발을 흔들며) 나는 신을 신고 어디론가 들어갔으며, 층계에서 더러워졌습니다…….

1차 과정과 2차 과정

내가 이렇게 극적이지 않은 대화를 여기에 넣은 것은, 그것이 전형적인 관계 패턴을 많이 보여 주기 때문이다. 우선, 거기에는 두 가지의 동시적이면서도 분리된 과정들이 발생하고 있다. 1차 과정은 성적 어려움에 대한 논의다. 루스는 관계에서 성적 느낌의 결여를 불평하고 있는데, 데이비드는 그것이 이제 성장하기 시작하고 있다고 방어적으로 주장한다.

2차 과정은 비의도적인 모든 것을 포함한다. 예를 들어, 시작할 때 루스의 목소리는 "나는 다만 내가 일주일 동안 한 번밖에 관계를 못 가졌어요."라고 말할 때 올라갔다. 데이비드는 그들의 성생활에 대한 그녀의 언급을 비난으로 느꼈었고, 그래서 방어적으로 반응했다. 반대로, 그녀도 자신의 목소리를 공격적으로 높임으로써 그의 방어에 대해 언급했다. 그는 화가 났지만 냉정을 유지하기 원했기 때문에 그녀가 공격적이 되었다. 그들은 1차적으로 성생활에 대해 이야기하고 있지만, 2차적으로는 누가 옳고 그른지에 대해 싸우고 있었다. 2차 신호는 싸움의 신호였지, 성에 관한 의사소통이 아니었다.

그들의 이중신호는 또한 그들이 앉아 있는 방법에도 나타난다. 상담자는 의자에 앉아 있고, 남자는 바닥에, 그리고 여자는 남자보다 높게 의자에 앉아 있었다. 그녀는 남자보다 더 우월하고 외향적인 자세로 높게 앉아 있었다. 남자가 앉은 자세는 그의 방어 자세의 신호다. 상담자는 처음부터 그들의 위치를 바꿈으로써 이러한 앉는 자세에 대해 작업을 해 볼 수도 있었을 것이다.

대응적 반응

루스가 자신은 데이비드로부터 성적 느낌을 더 필요로 했다고 불만을 호소했을 때 그리고 상담자가 그녀에게 직접 요청하라고 격려했을 때, 그녀는 그도 똑같이 하지 않을 것이기 때문에 자기도 할 수 없다고 대답했다. 이것은 다음과 같은 전형적인 '대응적 반응'이다. "만약 당신이 변화하지 않으면 나도 변하지 않으며, 만약 당신이 할 수 없다면 나도 할 수 없습니다!" 대응적 행동은 단지 사람을 성장하지 못하게 하는 힘의 얽힘뿐만 아니라, 공유하고 있는 꿈과 경계 때문이기도 하다. 이 꿈과 경계는 붙잡을 수 없고 직접적일 수 없다. 그래서 우선, 그들은 의식적으로 간접적일 수 있도록 격려하고, 그리고 직접적일 때 그들이 갖는 문제를 깨닫도록 격려할 필요가 있다.

이중신호로서의 증상

데이비드가 성적 느낌이 없다고 공격을 받았을 때, 그는 기침을 했다. 그는 몸이 좋지 않다고 말했다. 그는 아내에게 자기가 그녀에게 성적으로 접근하기 전에 감기부터 나을 수 있도록 해 달라고 요청했다. 그의 기침은 마치 신체화된 방어처럼 보인다. 증상은 개인이 의식적으로 특정 신호를 지지하기에 충분할 만큼 강하지 않거나 깨닫지 못하는 상황에서 발생하거나 일치하는데, 이 경우에는 스스로를 방어할 힘을 모을 시간이 필요한 것이다.

제삼자 정책

비록 루스가, 자신이 남자의 기를 살려 줄 수가 없었다고 인정했지만, 그녀는 협박의 형태(즉, 내가 '제삼자 정책'이라고 부르는 위협의 양식)를 사용하면서 남자의 기를 살리기 위한 노력을 계속 할 것이다. 그녀는 남자에게, 만약 그가 그녀의 욕구를 충족시켜 주지 않는다면, 다른 연인을 찾을 것이라고 경고한다. 제삼자 정책은 언제나 일어난다. 한 당사자가 매우 약하다고 느껴서 다른 당사자에게 자신의 의견을 전달하지 못할 때, 첫 번째 당사자는 어떤 방법으로든 첫 번째 당사자를 지지하는 제삼자를 등장시킨다. 이러한 전략의 힘은, 두 번째 당사자가 제삼자에 대항하여 자신을 방어할 수 없다는 사실에 있다. 제삼자는 실제로 존재하지 않기 때문이다. 그러나 만약 우리가 루스를 자세히 살펴보면, 그녀의 이중신호에서, 그녀를 (부적절하게) 돌보려고 하는 그녀의 성적 상상의 산물인, 그녀의 연인을 발견하게 된다.

광대짓

상담자가 데이비드에게 거품 목욕을 할 때 루스를 도와주라고 요청했을 때에 그는 광대짓을 했다. 그는 루스에게 자기를 위협하는 것을 그만두라고 말하는 대신에 농담을 했다. 그의 광대짓은 결여된 주제를 논의하고 표현과 감정을 회피하는 1차 과정을 유지하고 있는 것이다. 이러한 광대짓은 상처나 두려움을 감추는 시도를 나타내기 때문에 매우 중요하다. 상담자는 이 광대에게 단지 "당신이 어떠한 감정을 농담으로 가장할 수 있는지 찾을 때까지 광대짓을 하시오."라고 말할 수 있을 뿐이다.

질문

루스가 제삼자 협박이 도움이 되지 않음을 깨달았을 때에, 그녀는 데이비드에게 돌아서서 그가 무엇을 생각하고 있는지 물었다. 그러나 이 질문은 함정이며, 그 질문은, 그녀가 정말로 "바보 같은 당신, 나에게 친절하게 해요!"와 같은 말을 하고 싶기 때문에, 절대로 만족스러운 답이 있을 수 없는 것이다. 데이비드는 이 질문에 대해 자신은 기침과 음주 때문에 고생하고 있다고 대답을 한다. 왜 그가 시간을 벌려고 했을까? 루스는 그의 대답은 무시하고, 자신은 더 많은 사랑을 필요로 한다고 말했다. 그녀는 그의 답을 듣지 않았는데, 그녀도 자신의 질문에 관심이 없었기 때문이다. 대부분의 질문은 의미를 감추는 1차 과정인 것을 주의하라.

꿈

우리는 이중신호가 드림바디의 표현이라는 것을 알면 이 커플이 무엇을 꿈꾸고 있는지 쉽게 추측할 수 있다. 데이비드는 한 젊은 남자가 사회복지 업무를 하는 것에 관해 화가 났고, 그리고 무기로 사용할 수도 있는 기계를 고치고 있는 것을 꿈꾸었으며, 루스는 집단에서 떨어져 나와 혼자 집에 있는, 그녀가 좋아하는 한 남자를 꿈꾸었다. 데이비드의 꿈은 그가 사교성에 자극받았고 전투를 준비하는 것을 보여 준다. 내적으로 그는 전투를 위해 자신을 무장하고 있는 것이었다. 루스의 꿈은, 그녀 역시 다른 사람들에게 진실할 수 있는 힘을 아직 가지지 못했으며, 그녀가 '집에 있는 것', 즉 삶을 상상하는 것이 더 쉽다는 것을 의미한다.

전체 과정의 증폭

전체 과정을 증폭하기 위하여, 나는 데이비드에게 가능한 한 친절하게 행동하라고 권고할 것이다. 그는 예의를 지키고, 자신을 낮추고, 그녀에게 자신이 방어 능력이 없는 사람이며, 직접적으로 상호작용할 준비가 아직 되어 있지 않다고 말하면서 자신의 보스가 되어주기를 부탁해야만 한다. 여자가 그를 자극할 때마다, 그는 그녀에게 자신이 스스로를 지키기 위해 기침을 한다는 것을 말해야만 한다. 나는 루스가 남자에게, 그는 반응적이어야 하며 깨어 있어야 한다고 요구하지만, 그녀 자신도 그녀가 다른 사람들이 하기를 원하는 것을 할 수 있는 힘을 가지고 있지 못하다고 그에게 말하라고 요청할 것이다.

경계와 작업하기

이 커플이 그들의 경계를 뛰어넘고 직접적이 되도록 요구하는 것은 아마도 효과가 없을 것이다. 밀어내기는 에너지가 많이 들고, 유지할 수 없다. 나는 지금 하고 있는 것처럼 그림을 그리고, 집단적 드림바디 그 자체의 지성에 의존하며 그것의 부분들을 재편성하는 것을 선호한다. 그러면 개인의 창조적 잠재력은 깨어나고 재조정이 만들어진다. 이 커플은 더욱 직접적이고 의식적이 될 필요가 분명히 있다. 만약 사람들이 자신의 경계를 너무나 빨리 넘어가 버린다면 그들은 서로를 육체적으로 다치게 하든지 아니면 일어난 일로부터 어떠한 결과를 얻을 수가 없다. 자주 그들은 단순히 새로운 행동을 수행하지 못할 수도 있는데, 왜냐하면 그것이 그 경계의 가장자리로부터 너무나 멀리 떨어져 있기 때문이다. 직접적 상호작용은 이 커플이 아직 가져 보지 못했던 새로운 행동 패턴을 요구한다. 이러한 새 패턴의 개발은 그들의 꿈과 이중신호에 포함되어 있으나 아직 의식되지 않았다. 데이비드의 경우, 그는 처음에 스스로를 방어하기 전에 무기를 고쳐야만 했다. 루스는 공개된 곳에서 스스로가 된다는 것이 어떠한 의미인가를 배워야만 했다. 새로운 내적 패턴을 개발한다는 것은 낡은 패턴들이 먼저 알아차림으로 옮겨지고 의식적으로 살아나게 될 때 매우 빠르게 발생하는 작업이다.

돈과 폴라

젊은 커플이 나의 상담실에 들어와서 소파와 바닥에 조용히 앉았고, 그리고 나를 똑바로 쳐다보면서 서로는 옆으로 앉았다. 그들은 지금까지 함께 살아왔지만, 이제는 더 이상 같이할 수가 없다고 말했다. 폴라는, 돈이 그녀에게 자신 그대로이기를 허용하지 않기 때문에 함께 발전할 수가 없다고 말했다. 그리고 그녀는 자신이 취리

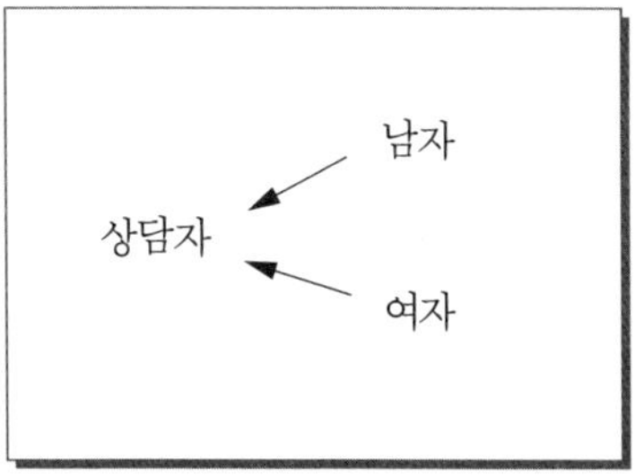

희의 전차 안에서 그에게 폭력적이었으나 그 이후 애정적이 되었던 꿈을 꾸었다고 말했다. 그는 의자에서 떨어질까 두려워하는 꿈을 꾸었다고 말했다.

그들의 이야기를 들은 뒤에, 나는 그들에게 서로가 직접 말하기를 권했다. 폴라는 바로 일어나서 그에게 다가갔고, 화를 내면서 그를 뒤로 밀었다. 그는 자신이 그녀에게 무슨 짓을 할까 봐 두렵기 때문에 이 작업을 그만두고 싶다고 말했다. 그가 말할 때, 그녀는 이미 벽이 있는 반대편까지 돌아갔고, 그는 아래를 내려다보면서 우울해졌다.

그들이 둘 다 시각적으로 보여 준 대로, 나는 그들을 흉내 내고서 그들에게 자신들이 본 것을 나에게 말해 보도록 하였다. 내가 그녀를 연기하자, 폴라는 나를 바라보면서, 만약 자신이 말한 것을 정말

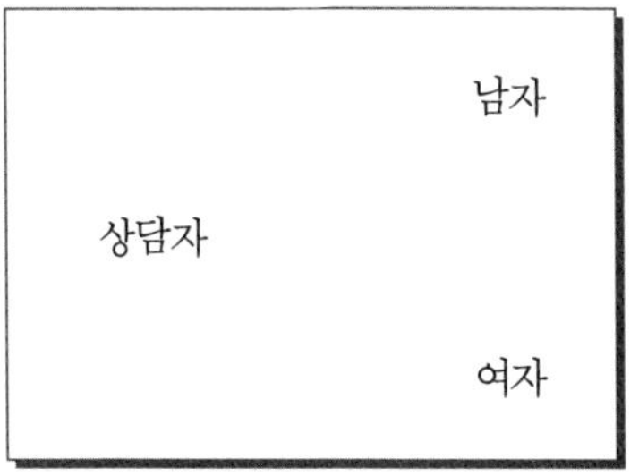

로 믿는다면 그녀는 곧장 가서 그와 싸워야 할 것이라고 말했다. 그러자 그는 자신의 두려움을 존중하고 싶다고 말했다. 나는 앉았고, 그들은 서로 육체적으로 싸우기 시작했다. 그 싸움은 곧, 고풍스럽고 운동감각적 의사소통인 춤으로 바뀌었다. 그들은 싸우고 웃었으며, 그가 매우 친밀하고 원숭이 같은 방법으로 그녀와 함께 싸우고 레슬링 하는 동안 그녀는 물고 소리쳤다. 잠시 후에 그들은 일어난 일에 만족하고 지쳐서 둘 다 바닥에 누워 버렸다.

분석

폴라는 자신이 파트너에게 과격해야 할 필요가 있었지만 여자는 섬세하고 감성적이어야 하며, 남자에게 모성적이어야 한다고 생각했기 때문에 그렇게 하기가 두려웠다고 말했다. 나는 그녀에게 그러한 일반적인 통념은 그녀의 내부에서조차도 변해야 하며, 그렇게 한다면, 취리히의 전차에서 그와 싸우는 꿈은 꾸지 않을 것이라고 말했다.

폴라와 돈의 경우에, 남자는 너무 수줍어서 공개적으로 스스로를 표현하지 못했던 여자의 일부분이고, 여자는 남자를 바닥으로 끌어내리는 남자의 일부분이다. 두 사람 다 공격성에 대한 경계를 갖고 있었다. 그녀는, 여자는 공격적이지 않아야만 한다고 믿었고, 그리고 그는 만약 자신이 진정으로 공격적이라면 자신에 대한 통제를 잃고 그녀를 죽이거나 자신을 다치게 할 것이라고 믿었다.

공격성

나는 그들의 역할을 연기하면서, 그들에게 그들의 관계에서 자신들이 어떻게 보이는가를 살펴볼 기회를 주었다. 그들은 서로 필요이상으로 언어적이었다. 함께 있을 때, 그들은 부분들이 더욱 원시적이고 운동감각적이기를 바라는 드림바디들이다. 그들은 같은 꿈의 서로 다른 두 부분을 나타낸다. 한 부분은 공격성을 원하고 다른 부분은 그것을 억제한다. 두 부분으로 구성된 한 몸으로서, 한 부분은 다른 부분이 육체적으로 얌전하기 때문에 과격해졌다. 그녀는 자신을 두려워했기 때문에 그를 꿈꾸었고, 그리고 그는 그 자신의 망설임 때문에 과격해지는 그녀를 꿈꾸었다.

그들의 신화

내가 그들에게 관계 초기의 꿈에 대해 물었을 때, 폴라만이 꿈 하나를 기억할 수 있었다. 그들의 관계가 시작될 때, 그녀는 오래전에 죽은 할머니가 살아 돌아오는 꿈을 꾸었다. 할머니에 대한 그녀의 연상은 할머니가 가족 내에서 가장 거친 사람이었고, 따라서 폴라의 어머니가 가장 좋아하지 않았던 사람이었다는 것이다. 이 꿈으로부터, 우리는 이 커플의 이면에 있던 지배 패턴 중의 하나가 구태의연한 여성주의의 회귀라는 것을 짐작할 수 있다. 폴라에게 이것은 관계에서 그녀의 육체적 자아가 됨을 의미한 것이다. 돈은 이것이 자기에게는 폴라 또는 다른 누구에게든지 필요 이상으로 친절하거나 예의 바르지 않아도 된다는 것을 의미한다고 말했다. 돈은 또 그녀의 소박함과 여성적인 행동 때문에 그가 처음에 폴라를 선택한 것이라고 말했다. 폴라는 이 시점에서 그의 말을 중지하고 끼어들어, 자신은 스스로의 소박함과 여성적인 면의 두 가지를 다 좋아했지만, 그러나 후자(여성적인 면)는 전자(소박함)가 먼저 활성화하도록 허용될 때만 존재할 수 있다고 주장했다.

돈과 폴라를 괴롭혔던 배경적 문제는, 성(性)과는 관계가 없는 강한 운동감각적 의사소통이 우리 문화에서는 금지되었다는 것이다. 사람들은 성적(性的)으로 또는 폭력적으로만 서로 접촉한다. 그리고 관계에서의 동물 놀이와 비언어적 표현들은 보통 억제된다.

그들과의 작업에서 또 다른 흥미로운 부분은, 그들의 경계를 극복하는 것과 싸움이 놀이로 발전했다는 사실이다. 그것은 왜일까? 사람들은 만약에 그들이 자신들의 경계를 넘으면 그들이 미치거나, 버림을 받거나, 또는 난폭해질 거라고 믿는다. 그러나 만약 그들의 꿈이 경계의 다른 면에서의 패턴 행동을 모방한다면, 즉 그들이 자신들의 경계를 극복한다면, 흐름의 지혜, 도(道) 그 자체가 나타나고, 가장 깊은 느낌 속에서 관계화가 시작되는 것이다. 사람들이 더 이상 그들 자신이나 혹은 그들의 관계를 통제할 수 없을 때에도 세상은 멈추지 않으며, 사실은 다시 시작한다. 세계는 상상할 수 없는 방법으로 재구성하면서 스스로를 창조한다. 이러한 우주적 드림바디의 자가 조직 원리는 과정에 대한 나의 신뢰나 믿음 이면에 놓여 있다. 그것은 사람이 함께 가질 수 있는 가장 깊은 경험들의 특징인 것이다.

시간의 채널

폴라의 꿈은 그 이후 수년 동안 그들의 관계를 지배해 왔다. 폴라는 그녀의 할머니가 '자신의 일을 하기' 위해서 가족들과 분리되었다고 말했다. 또한 폴라는 상담 후에, 그녀의 꿈에서 그와 싸운 후에 비로소 그를 사랑했던 것과 같이, 격렬한 싸움 뒤에 남편을 떠났다가 다시 그와 재결합했다. 여기서 우리는 신화가 순간적인 상황만이 아니라 전체적인 관계의 과정까지도 지배한다는 것을 알 수 있다.

그녀의 첫 꿈이 취리히의 길에서 발생했기 때문에, 그리고 그녀의 할머니는 그 당시로서는 평범치 않은 여자였기 때문에, 나는 또한 나 자신에게 이 커플의 과정이 우리 시대의 문제들과 얼마나 밀접하게 연결되어 있는지 물어야만 했다. 내가 짐작하기로는, 이 커플에 대한 개인 심리학은 또한 역사에서 우리 시대의, 즉 1980년대 유럽 여성의 집단적 상황의 모습이라는 것이다.

CHAPTER

09

전형적인 관계 과정

CHAPTER

09 전형적인 관계 과정

화학작용과 유형학

유형학을 연구할 때는 연금술사가 보는 것처럼 사람을 보는 것이 유용하다. 연금술사는 함께 모아져서 화합물을 형성하는 화학 원소들을 가지고 작업하였다. 사람들은 함께 모이고, 싸움, 사랑과 미움을 통하여 화합물을 형성하기 위해 결합한다. 전형적인 노인 커플을 생각해 보자. 논리적 사고형 남자는 분해되어 분리된, 통합되지 않은 느낌을 갖는다. 그러나 그의 느낌이 자유롭게 움직이기 때문에 그는 아내가 그러한 느낌들을 멀리하는 것을 꿈꾼다. 이러한 전형적인 커플에서 여성은 집안일을 맡고, 남성은 생활비를 번다. 그녀는 그의 육체적 욕구를 위해 성적(性的) 임무를 다하며, 그는 성적 관계를 통해 그녀를 사랑한다. 반면에 그는 그녀에 의해 논리적과 합리적이 되도록 꿈꾸어졌는데, 이것들은 그녀의 의식에서 빠져 있는 바로 그 원소다. 그들은 함께 완벽한 기능 단위를 형성한다.

그는 그녀의 고전적인 욕구를 충족시키고, 또한 그녀는 그의 욕구를 충족시킨다. 따라서 그들 관계의 초기에는 지상에서 천국을 경험할 수도 있다. 태양과 달의 거룩한 결혼처럼 그들은 서로에게 매료되고, 그들 상호 간의 완성에 의해 함께 묶였다. 이 시기 동안에, 그들은 서로의 거울상(像)처럼 느끼고, 서로 닮은 것처럼 보이기 시작한다. 그들은 무의식적으로 서로를 통합한다. 따라서 그는 더 많은 감정을 연기할 수 있고 반면에 그녀는 더 많은 이성(理性)을 연기할 수도 있다.

서로 닮아 가는 과정

생의 후반부에, 그들은 신체 제스처와 자세와 버릇이 비슷해진다고 생각할 수도 있다. 이와 같은 파트너의 무의식적인 통합이 어떻게 일어날 수 있는가? 그것은 보통 의도적인 노력이나 조절 없이도 발생한다. 당신이 앞부분의 장(章)에서 기억할 수 있는 것처럼, 남자는 그 자신의 제스처로 구성된 내적 이미지와 이중신호를 그의 파트너에게 투사한다. 그녀도 똑같이 한다. 시간이 흐르는 과정에서, 그는 천천히 그가 그녀에게 투사하는 제스처와 동일시하며 그녀의 얼굴 표정과 신체 표현을 닮아 가기 시작한다. 똑같은 과정이 그녀에게도 발생하게 되며, 따라서 그들은 서로 닮아 가기 시작한다. 이것은 이중신호의 무의식적인 동일시와 꿈 형상의 통합을 통하여 나타나게 되는 것이다. 당신은 각 개인이 자신 안의 드림바디 경험처럼 느끼고 움직일 때, 이 변화가 빠르고 급진적으로 (일시적이긴 하지만) 일어남을 알게 된다.

관계는 어떻게 시작하나

유형학은 두 사람이 어떻게 그리고 왜 닮아 가는지에 대해 많은 것을 설명한다. 유형학은 사람들이 자신들에게 무엇인가를 수반하는 2차적인 상대방의 경험을 통하여 완성됨을 느낀다고 설명한다. 그러나 유형학이 모든 것을 다 설명해 주는 것은 아니다. 그것은 어떠한 두 개의 정반대 유형이 함께 닮아 갈 수 있는지를 예측할 수 있지만, 우리가 알고 있는 것처럼 이것이 항상 맞는 것은 아니다.

사랑과 관계의 신비스런 경험을 설명하는 연결은 많이 있는데, 하나는 유형학이고, 다른 하나는 우리가 이전 장에서 보았던 것처럼 공통적인 꿈이다. 바로 앞 장의 젊은 커플인 폴라와 돈의 예를 기억해 보자. 그들은 서로 미워하고 싸우고 서로를 때리고 헤어지거나 화해할 수도 있으나, 그러나 이 거대한 여행을 통하여 그들을 하나로 뭉치게 한 요소는 공유된 꿈과, 취리히 전차에서의 싸움과 사랑의 꿈에서, 혹은 특이한 할머니의 꿈에 의해 상징화된 신화다.

이 커플이 함께하는 한 그들은 이러한 꿈을 공유한다. 그들은 거칠고 특이한 여성적 요소의 은유를 통하여 짝지어진다. 통상적 언어로, 이것은 그들이 관계에 대한 특이하고 비관습적인 방법을 공유한다는 것을 의미한다. 남자가 무엇을 하든지, 과학자이거나 예술가이든지, 그녀가 회계사, 심리학자, 주부가 되든지, 그들이 무엇이 되는지를 불구하고, 이러한 비관습적 감정 태도를 공유하는 한 그들은 하나가 된다. 그녀는 그가 자신의 감정을 다치게 하기 때문에 그에게서 떠나기를 원할 수도 있으며, 그는 그녀가 비관습적이기 때문에 그녀에게 싫증이 났을 수도 있지만, 그러나 그들이 헤어졌을 때 그녀는 계속해서 비관습적일 것이며, 그 또한 계속해서 평범하지 않은 감정 태도로 다른 사람들을 대할 것이다. 따라서 그들이 그것을 좋아하지 않을지라도 그들은 여전히 짝지어져 있다.

총체적 연결

커플, 가족 그리고 집단들은 자신들 이면에, 꿈 또는 신화와 더불어 살게 하는 사람을 찾는 무용담인 꿈이나 신화를 가지고 있다. 신화는 사람들이 함께하도록 꿈꾸게 한다. 국소적 신화는 사람들이 살고 있는 근처의 환경과 연관되어 있다. 그것은 도시, 국가, 주, 세계, 우주 등에 해당한다. 사실, 사람들을 하나로 만드는 신화와 꿈같은 것은 그들이 살고 있는 시간, 공간, 우주의 측면이다.

외로운 영웅

관계의 이러한 측면을 묘사하는 또 다른 방법은, 각 개인에게는 거의 항상 창조적, 무생명적, 비일상적, 신화적 부분이 있다는 것인데, 개인은 이를 지지하기가 매우 어렵다는 것을 발견하고 새로운 파트너에게서 이해, 인식, 존중을 찾는다. 인식을 발견하는 전형적 부분은 영웅적인 남성, 예술가, 정열적이거나 강력한 여성, 민감한 소년, 꿈꾸는 소녀, 의협적인 남성, 무녀적 여성 등이다.

문제는 관련된 개인들이 이러한 부분들을 스스로 통합하기 시작할 때 발생한다. 이러한 순간에 그들은 파트너의 필요성이 더 줄어들고, 그들은 그들을 함께 묶어 두었던 신화를 벗어 버리기 시작한다. 이때가 바로 관계에서 초기 꿈과 사건에 대한 논의가 매우 유용할 수 있는 시기다.

147쪽에서 언급된 커플을 생각해 보자. 그의 기억은, 그들이 처음 만났을 때 섹스를 하지 않았다는 것이다. 그녀의 첫 번째 꿈은 그가 그녀의 성기에 총을 쏘았다는 것이었다. 그의 민감성과 침대에서의 임무로부터 벗어나려는 필요성은 그 관계의 시작에 의해 형성되었으며, 또한 그녀가 자신의 문란한 성욕이라고 부르는 것을 억제하기 위한 그녀 스스로의 필요가 지지되었다. 그러나 그가 성장함에 따라, 그는 더 이상 그러한 보호가 필요하지 않았으며, 그녀 또한 더 이상 수녀가 될 필요가 없었다. 그들의 관계성 위기와 이혼의 필요성은 그들의 오래된 유형에서의 벗어남을 반영하였다. 그들은 더 이상 존재하지 않는 그들의 삶의 부분을 통하여 살아왔기에, 변화가 필요하였고, 이러한 변화에 대한 준비가 되어 있었다.

분리의 요인

따라서 개체성의 무의식적 측면들의 통합과 초기 유형을 통한 성장은 관계를 긴장시킨다. 그러나 관계 문제로서 스스로를 명백하게 드러내는 또 다른 정신적 변화가 있다. 문화 전체가 변화의 한가운데 있을 수 있으며, 어느 커플을 꿈꾸어 내는 꿈이, 시대가 변화함에 따라 그것도 변화하기 시작할 수 있다. 그런 변화는 관계를 창조하고 파괴한다. 나는 종교, 피부색, 계급 구분 그리고 성적 선호도에 의해 분리될 수도 있는 개인들을 합치면서, 어디서 어떻게 나타나든지, 사람들이 사랑하는 것을 배워야만 하는 현대 세계의 새로운 신화와 일치하면서, 어떻게 동성애(同性愛) 관계가 이성애(異性愛) 관계 후에 발생하는지를 자주 보아 왔다.

사례

나는 가족 체계를 구조화하는 신화를 보여 주었던 커플을 기억한다. 그들은 수백 명의 사람들과 많은 세대를 포함하는 거대하고 확장된 가족생활을 즐겼던 제3세계 국가로부터 왔다. 이 커플은 나를 찾아올 때마다, 서로에 대해 불평하였고 그들의 관계에 관해 작업하기를 원한다고 말했지만 그 둘은 서로 상담실 반대편 끝에 앉았다. 어느 날 자신의 앉은 자세를 증폭한 후 남자는 말했다. "아시겠지만, 우리는 서로 잘 맞지 않습니다." 나는 "그녀에게 직접 그 이유를 말해 봐요."라고 말했다. 그는 말했다. "나는 모르겠습니다. 나는 정말 잘 모르겠습니다. 그저 나쁜 꿈 같습니다." "당신은 무슨 꿈을 꿉니까?" 나는 물었다. 그는 말했다. "나는 꿈을 믿지 않습니다." 나는 말했다. "당신이 믿지 않는, 아주 작은 꿈에 관해 이야기해 봐요." "나는 세상이 변했다고, 그래서 지금까지 있어 왔던 모든 가공의 동화(童話)가 더 이상 유효하지 않다는 것에 대하여 최근에 꿈꾸었습니다."라고 그는 대답했다.

나는 혼자 생각해 보았다. 이것은 새로운 세상에 대한 꿈이다. 그러나 그들의 관계에서 이것은 무엇을 의미하는가? 우리는 함께 작업하면서, 처음에는 세 명이서, 다음에는 그들의 아이들과 함께, 그리고 한번은 그들의 원가족 전체와 함께했었다. 그러자 이 가족은 이 남자를 이해하지 말았어야 한다는 것이 밝혀졌다. 그녀의 가족들은 서방 국가에서 살고자 하는 필요성에 대한 그의 아이디어를 거부하는 그녀의 편을 들었다. 그는 자신의 나라에 머물기를 원하였으나 최종적으로 그의 가족 체계와 국가를 떠나기로 결정하고 '새로운 세계'로 이주하였던 것이다.

이것은 모두에게 동시에 구원적이면서도 비극적인 분리였다. 그것은 미국의 식민지 이주 시기 동안 자주 발생했었던 과정의 종류다. 그것은 한 구성원이 변화하기를 요구하는 전형적인 분리였다. 그는 자신이 구성원의 전통에서 연쇄효과나 혼란을 일으킨 것에 대해 비난 또는 칭찬을 받아야만 한다. 그러나 그는 공동체의 꿈이다.

관계의 외부 형태 다루기

주어진 문화에서 커플이 어떻게 그들의 관계를 통합하느냐 하는 것은 전적으로 개인적인 문제다. 어떤 커플은 그들의 관계를 비밀로 할 필요가 있고, 다른 커플들은 관계를 직접 그들의 문화에 통합하기도 한다. 어떤 도시에서 동성애적 커플은 이제 그들의 관계를 공개해야만 한다. 이것은 그들뿐만 아니라 그들 주위의 세상을 위해서도 필요하다. 다른 사람들은 가족을 형성하기 위해서 결혼하거나 동거하여야 한다. 그러나 관계를 끝내고 이별하는 것은 지금까지보다 오늘날 서방세계에서 유행하고 있는 더 많은 선택권의 하나다.

관계로부터 도망하기

많은 분리와 이혼은, 구성원의 한 명 혹은 둘 다의 부조화로부터가 아니라 개별화 과정으로부터 발생되는 긴장을 처리하는 개인의 무능력 때문이다. 이런 이유로 분리가 나타날 때, 똑같은 문제가 또 다른 파트너와의 다음 관계에서도 재창조될 것이다. 똑같은 문제가 다시 생겨나고, 관계의 포기와 시작의 주기적 효과가 창조된다. 이런 주기성은 우울 및 절망과 일치한다.

그러나 이런 저런 이유로 분리해야만 하거나, 분리할 수 없는 커플도 많이 있다. 이러한 경우에 말기 질병이 생기고 (특히 인생의 후반부에서), 구속하는 관계를 떠나는 기회로써 종종 경험되기도 한다.

개인에게 속하지 않는 신화를 살고자 하는 시도가 난폭한 정신 신체적 반응을 창조하기도 한다. 개인적 개별화, 유형적 변화, 변형, 외부 경제적 변화, 죽음, 결혼, 가족의 탄생에 대한 시기가, 그 자체를 해소하고 분리하며 재창조하기 시작함에 따라 가족의 드림바디에 매우 큰 스트레스를 발생시킨다.

많은 커플들은 의사소통 이론, 꿈 작업과 가족상담 도움 없이, 이들 시기 동안 가장 격리되고 고통스런 방법으로 시련을 겪는다. 일부는 스트레스에 원인이 되는 변화들이 오직 개별화의 일시적 단계임을 깨닫지 못한 채 영구적으로 관계가 파괴되기도 한다. 물론 공평한 감각, 선한 의지를 가지고 태어난 것처럼 보이고, 행운과 순수한 강인함에 의해 위기의 시기를 잘 극복하는 커플들도 있다.

각 커플, 가족, 집단은 다르기 때문에 집단의 발달에서 전형적인 시기란 없다. 그러나 어떤 단계는 심리상담적 관점으로 볼 때 특별하게 논의할 만한 가치가 있을 수 있다. 그러나 나는 뒤따르는 단계가 사람들이 '반드시' 통과해야만 하는 단계들은 아님을 강조한다.

지상 천국

지상에서 천국의 경험은 관계의 초기에 자연발생적이며 기적적으로 나타날 수 있다. 이는 강력한 매력이 의식적으로 혹은 무의식적으로 다른 사람을 통합함으로써 일어난다. 이러한 시기는 돌파구로써 경험된다. 각 구성원은 내적, 외적으로 완벽함을 느낀다. 이중신호가 사라지고 관계와 의사소통을 가로막는 경계가 없는 것처럼 보인다. 2차 과정이 1차 과정이 되고, 지속되는 황홀감은 보편적으로 조화로운 구조가 오래 지속되지 않을 것이라고 믿는 두려움을 동반하게 된다.

문화

관계 과정의 이러한 단계는 보통 역할 분담으로 구성된다. 각 파트너는 주(主) 유형학과 동일시하고, 경계는 역할 변경을 방지하기 위하여 형성되며, 배우자 관계, 가족, 집단 혹은 사회의 항상성 기능을 계속한다. 모든 파트너들이 그들의 역할과 기능을 다함으로써, 공격성, 부정성 그리고 불행은 알아차림으로부터 떨어져 나가고 꿈속의 인물과 이중신호에서 다시 나타난다. 결혼계약의 경우와 같이, 경계는 암묵적으로 혹은 명백하게 작성될 수도 있는 변하지 않는 안정된 법이 된다. 우리 문화의 결혼 법규는 유대교-기독교 신학의 고대 신앙 체계 및 로마법에 일치하고 있다.

지루함과 초조함

경계와 관련 법규는 조화를 유지하려는 시도인 항상성을 창조한다. 커플 발전의 이 단계에서, 자유와 개별화에 대한 충동이 역할지향적인 1차 과정에 저항한다. 가족이 계획되는 것은 흔히 이 단계에서다. 법과 경계가 1차적으로 존중되지만, 개별화의 이중신호가 표면화되기 시작한다. 이 순간 조화의 열정이 사라지기 시작하고 파트너들은 서로에게서 짜증을 내고 화를 내는 특성을 인식한다. 그들은 전형적으로 이것을 결혼생활의 구속 탓으로 돌리고 "신혼은 끝났다."라고 말한다.

위기

작은 성냄이 오고 가고, 곧 위기가 발생한다. 개인이 되기 위한 한 파트너의 욕구가 평화와 조화의 1차적인 사고를 공격한다. 다른 파트너는 위협적인 해소에 대해 분노로 대응한다. 그러나 첫 번째 파트너의 자유에 대한 충동이 아직 상대적으로 무의식적이고 이중신호에서만 나타나기 때문에, 그는 다른 파트너의 분노를 이해할 수 없다. 어느 누구도 자신들이 이중신호를 보내는 2차 과정과 충분히 동일시할 수 없기 때문에, 그들은 자신들에게 퍼부어지는 비난을 받아들일 수 없다. 따라서 그다음에 그들은 거짓말을 한다고 서로를 비난한다. 의사소통의 위기가 발생하며, 한쪽이 더 이상 다른 쪽을 신뢰하지 않는다. 만일 상호 불신이 계속되면, 그 위기는 분열하고 의사소통을 포기하는 것으로 나타난다. 싸움의 긴장을 견딜 수 없는 커플은, 혼자가 되거나 또 다른 파트너를 찾는 것이 앞에서의 법규에 의해 약속되었고 보호되었던 조화의 영구적 상태를 재창조할 것이라는 잘못된 신념에서, 파트너를 교체하거나 포기한다.

위기에 대한 작업

과정지향 작업의 지배적인 패러다임은 스스로를 나타내는 그 순간에 과정이 자신의 해결을 위해 필요한 모든 요소를 포함한다는 것이다.

만일 상담자가 커플의 한 사람만을 작업한다면, 이 사람이 가지고 있는 혼란스러운 이중신호는 사라질 것이다. 커플의 다른 파트너가 상담에 오는 것을 거부하는 경우에는, 첫 번째 파트너의 운명은 혼자 개발하고 다른 파트너의 과정을 어떻게 수용하는가를 배우려고 하는 것이 된다. 어떤 커플은 반드시 함께 오겠다고 주장한다. 상담자의 도움으로 그 커플은 공격과 비난을 앞으로의 발전을 위한 도전으로써 사용하는 것을 배울 수 있다. 공격은 그들이 자신들의 감정에 더 다가가게 하고 그들 각각의 욕구를 더 잘 나타내도록 자극한다. 비록 두 구성원이 모두 싸움에서 이기기를 원하지만, 어느 누구도 2차 과정 사이의 전쟁에서 이길 수 없다. 명백하게 더 약한 요소는, 명백하게 더 강한 요소를 파괴하는 간접적이고 강력한 방법을 항상 발견한다. 대부분의 경우에서, 관계에 대한 과정지향 작업은 더 힘이 있고 알아차린 사람들과 그리고 더 차별화된 관계를 가질 수 있도록 한다.

함께 작업하였던 커플은, 비난과 부정(否定)의 주기가 끝났을 때 다시 태어난다. 이 기간은 스스로 끝나거나, 한 구성원이 다른 구성원의 비난을 인정하고 변화하려고 시도할 때 끝난다. 비난이 비예측적성, 자유 혹은 독립에 관한 상황에서, 비난하는 사람은 결국 의존성의 종말에 직면해야만 하며, 반면에 비난을 받는 사람은 그가 시작한 과정의 결과를 책임져야만 한다.

흥미로운 역설이 발전의 이러한 국면 중심에 놓인다. 커플을 분리하는 똑같은 과정이 그들을 아주 잘 연결할 수 있다. 많은 커플들은 점잖게 행동하지만, 동시에 더 큰 자유의 충동에 의해 소모된다. 예의의 경계를 뛰어넘는 것은 둘 다에게 이전에는 오직 꿈꾸기만 했던 경험 수준과 자유를 상호작용하고 접촉하도록 허용한다. 희생자나 학대자의 역할 동일시는 이전의 비난에서 오직 막연하게 내재되었던 관계에 대한 강력한 이해를 창조하며 그 역할을 바꾼다.

이중 경계 요인

커플과 작은 집단은 그들의 목표에 상관없이, 관계 위기를 가장 경감시키는 것이 관련된 각 개인이 경계를 극복했을 때 발생한다는 것을 발견했다. 만일 두 사람이 위기에 관여되어 있다면, 관계 경험이 만족스러운지 아닌지를 결정하는 요인은 이중 경계 요인이다.

이중 경계의 사례는, 정신병적 사건 때문에 2년 전부터 병원에 입원해 있던 아내를 남편이 돕기 원했기 때문에 내게 상담하러 왔던 커플이다. 이 커플은 수년 동안 지속적이고 끝이 없는 갈등 속에 있었다. 들어올 때 이미 그녀는 약에 취한 상태로 "나는 아파요."라고 중얼거렸다. 나는 즉시 "나는 그것을 믿습니다만 오직 일부만 믿습니다. 당신의 병은 어떻게든 당신 주변의 세상에서 일어나는 것에 대한 반응임에 틀림없습니다."라고 말했다. 그녀가 대답하기를, "나는 남편과 결코 불행하지 않았습니다." 나는 말했다 "당신이 마지막으로 불행했던 때도 그렇습니까?"라고 묻자, 남자가 그의 친구들과 술을 마시면서 늦었기 때문에 그에게 화를 내었던 이야기가 터져 나왔다.

그녀가 말했다 "그는 좋은 사람입니다. 오, 오, 나타나고 있어요. 나는 달에서 핵폭발을 볼 수 있습니다." 나는 말했다 "다 같이 미친 달로 가서, 파트너의 술버릇에 관해 핵폭발을 일으킵시다. 당장!" 그러자 그녀는 가장 맑은 정신으로, 약에 취하지 않은 상태에서 남자에게 고함쳤다. "당신은 나에게 비열하게 굴었어요." 남자는 당연히 지금 그녀의 정상적 행동에 대해 조금도 즐겁지 않았고 그녀에게 고함쳤다. "이제 그만 감정적인 것은 멈춰요." 그리고 내게 고함쳤다. "당신은 그녀를 지지하였지만 나를 지지하지 않았습니다." 그래서 나는 그를 지지하기 위해 그 사람 뒤에 앉았고, 그가 도움을 구하면서 어린애처럼 우는 동안 그를 안아 주었다. 나중에 그는 나에게 이것이 어른으로서 그가 울었던 첫 번째였다고 말했다.

이 작업에는 두 개의 경계가 있었다. 공격적이 되고자 하는 그녀의 경계와, 감정을 보이고자 하는 그의 경계였다. 두 사람 모두 그들 스스로의 필수적인 성장에 의하여 창조된 위기를 통과하기 위한 지지가 필요했다. 단 하나만의 경계를 넘어가는 것은 커플이나 가족의 항상성 기능에서 불균형이 형성되고, 자신의 경계를 넘어가기 위해 충분한 지지를 받지 못한 개인은 상담자를 거부하기 때문에 그 집단을 커다란 혼란에 빠뜨리게 된다.

가능하다면, 두 경계를 모두 건너야만 하든가, 아니면 전혀 건너지 말아야 한다. 만일 단 하나만의 경계를 건넌다면, 그 커플은 경계를 넘지 못한 파트너의 잠재적 분노에 관해 경고해 주어야만 한다. 그는 상담 후에 불공평이나 좌절감에 대해 불평할 것이다. 개인작업에서도 개체성의 한 부분, 즉 꿈이나 2차 과정만이 지지된다면 같은 결과가 발생한다. 이러한 상황에서 개인은, 상담하는 동안 충분히 인식되지 못했던 1차 과정이, 곧 큰 반응을 일으킬 것이라는 것을 경고해 주어야만 한다.

관계의 개별성

과정지향적 관계치료의 결과는 커플이 개별적이 되는 것이다. 두 사람이 함께 느끼고 실행하도록 기대하는 것은 그들이 실제로 실행하는 것과 전혀 다르기 때문에, 외부에서 그들을 이해하는 것은 불가능하다. 지지, 상호 간 사랑과 이해, 자유로운 표현, 개별성 등과 같은 것을 권장하는 프로그램들은 보통 사람들을 함께 묶는 패턴이 아니다. 커플의 일시적인 개별화 과정은 서로에게 어머니 역할하기, 자녀 역할하기, 의사처럼 치료해 주기, 감정 억압하기, 성욕 감추기, 의사소통 단절하기 그리고 초자연치료사 되기 등과 같은 것이다.

관계의 도

관계를 지배하는 우리 사회의 흔들리는 법칙은 관계의 새로운 형식의 필요성을 나타낸다. 이러한 관계의 새로운 형식은 어떤 것일까? 과정 개념은 관계의 새로운 패러다임을 의미한다. 과정 상담자는 1차 과정의 규칙과 규제를 진척시킬 뿐만 아니라, 사랑, 우정, 성장의 미묘하고 광범위한 드림바디 언어를 인식하도록 훈련받는다. 순간 순간 의사소통 신호의 인식으로 문화적 규칙과 규제를 상대화하기 위하여 필요한 인식을 개발하였던 많은 커플과 가족들이 이미 존재한다. 이들은 과정이 사랑과 우정의 진화를 조직하도록 내버려 두는 방법을 배운 첫 번째 도인(道人)들일 것이다. 명백한 역설은 사랑의 바탕에 놓여 있다. 깊고 성장하는 관계를 가지는 것은 용기와 신호 알아차림 훈련에 달려 있다.

관계 위기에서, 이것은 당신의 위치를 고수하고 의견을 방어하는 대신, 당신이 자신의 과정과 파트너의 과정을 인식하게 되는 것을 의미한다. 만일 도(道)가 유연함의 메시지를 보낸다면, 그렇게 하게 하고 유연해져라. 당신이 불행하거나 질투가 날 때 이성적인 컴퓨터처럼 행동하는 대신, 불행해지고 당신의 질투를 따르도록 하라. 당신이 다쳤을 때 자만하는 대신, 당신의 고통과 아픔을 추구하라. 당신이 정말로 우는 아이 같을 때 어른처럼 행동하는 대신 아이처럼 울어라. 당신이 개인적 욕구가 있을 때 민주적이 되는 대신, 독재자의 옷을 입으려고 노력하되 그것을 의식적으로 하라. 당신이 싸우는 동안 사랑을 느낀다면, 애정을 표시하라. 당신이 의기소침해졌다면, 지구의 바닥으로 가라앉아라. 당신이 절망적이라면, 결코 사랑받지 못할 것에 대한 당신의 두려움을 표현하라. 그러면 말로 표현할 수 없지만 관계를 둘 혹은 그 이상의 사람들의 동시적인 시작으로 만들며, 하나의 일이 삶의 본질 속의 다른 일로 변화하게 만든다.

CHAPTER

10

우주적 드림바디

CHAPTER

10 우주적 드림바디

고대 신앙에 의하면, 관계는 천국에서 만들어지며, 신들에 의해 구성되고, 출생의 순간에 별들의 배열에 의해 결정된다고 믿었다. 관계는 역사 속에서 시기와 장소에 의존하며, 운명, 업보(카르마) 혹은 도(道)에 의해 지배되고 있었다. 현대 이론에서 관계는 문화, 사랑 혹은 콤플렉스에 의해 구성되고 있다. 현대 심리학에서, 개인은 아버지, 어머니 혹은 깨닫지 못한 자신과 결합한다. 이 장(章)에서 나는 장(場) 효과와 드림바디, 홀로그램, 인류기원 신화를 논의함으로써, 관계의 근원적인 구조와 요인들에 대한 연구를 계속 할 것이다. 관계를 둘러싸고 있는 사실들을 체계화한 이론은 우주적 드림바디다. 그것은 장(場)의 특성을 가지고 있으며, 어떤 순간에는 홀로그램과 같이 행동하며, 또한 인류기원 인물처럼 진화한다.

장 효과

체험적 실재를 살펴보자. 나는 스위스 알프스의 한 세미나에서 한 커플과 작업을 했었다. 그들은 25년간의 결혼생활이 "좋았지만 불충분하다."고 묘사했던 그들의 결혼생활에서 더 많은 흥미를 찾기 위해서 워크숍에 참석했다. 이 부부의 신화는 그들의 관계 초기에서의 기억할 만한 사건(그들을 태워 결혼식장으로 가던 차의 화재)에 의해 형성되었다.

이들의 1차 과정은 서로를 사랑하고 보살피는 것이었다. 이들의 2차 과정은 격렬한 에너지와 흥미였다. 이들과의 상담 중에 갑자기 부엌에서 불이 났다. 한 세미나 참가자가 부엌에서 애플파이를 굽고 있었는데, 갑자기 오븐에 불이 붙었다. 우리 모두는, 부엌의 불과 이 커플들이 찾고 있는 에너지인 내부의 불 사이의 연결 때문에 매우 놀랐다. 그러나 한 완고한 관찰자는 동시성 속에 포함된 감정적인 요소를 차단하면서, 그것을 단순히 '운' 혹은 '우연'이라고 불렀다. 그러나 이러한 동시성을 보는 더 유용한 방법은 그 커플로부터 분리되어 왔던, 꿈, 이중신호 또는 주위 세계에서 나타나는 2차 과정으로 보는 것이다.

이러한 관점은 주위 환경을 커플의 드림바디의 한 부분으로 보며, 반대로 커플을 커다란 세상 몸체의 한 부분으로 본다. 이러한 장(場) 관점은 불이 발생하는 순간에 전체 집단의 과정을 위해 상당한 설득력을 가지고 있다. 불이 나기 전까지, 그 세미나에서의 집단 과정은 참가자에게 애플파이를 구워 주는 것이었으며, 후에 참가자들 사이의 싸움에서 발생한 격렬한 갈등과 영향을 제거하는 것이다.

따라서 커플은 집단에서 하나의 채널이 될 수 있으며, 그리고 마찬가지로 그 집단이나 환경은 그 커플을 위하여 하나의 채널이 될 수 있다. 이것의 역동성은 홀로그램처럼 작동한다. 그것이 내가 이것을 홀로그램 이론이라고 부르는 이유다. 홀로그램을 매우 섬세한 그림이 새겨진 유리 한 조각이라고 상상해 보자. 만약 당신이 그것을 바닥에 떨어뜨려서 수많은 조각으로 깨뜨린다면, 각각의 작은 조각들은 원래의 유리에 존재했었던 똑같은 패턴을 포함하고 있을 것이다. 우리가 살고 있는 세계도 많은 측면에서 홀로그램처럼 행동한다. 그것은 국가, 도시, 종교, 집단 혹은 가족과 같은 작은 조각들로 쪼개지며, 그리고 이러한 작은 조각들 각각은 전체로서의 세계에서 발견되는 것과 같은 패턴을 가진다.

몽상, 투사 그리고 홀로그램 이론

몽상과 투사와 같은 현상은 홀로그램 이론에 잘 맞는다. 앞의 장(章)에서 보았듯이, 어떤 사람은 자신의 개인 과정을 나타내는 꿈을 '동반한다.' 그러나 그가 다른 사람들에게 가까이 갈 때, 이러한 개인적 꿈은 갑자기 집합적 특성을 가지며, 그것은 관여된 모든 사람들의 신체 움직임과 투사를 구성한다. 만일 당신이 자신과 다른 꿈속의 인물 사이에서 혹은 두 꿈 모습 사이에서 갈등을 꿈꾸었다면, 당신은 그날 관계 갈등에 연관될 가능성이 매우 높다.

홀로그램의 임무

나는 『꿈꾸는 영혼(*Working with the Dreaming Body*)』이라는 책에서 커플의 드림바디나 홀로그램의 임무는 유용성에 달려 있다고 지적한 바 있다. 예를 들어, 강하고 부정적인 아버지가 있는 여자는 자신이 아버지의 잔인성에 의한 희생자라는 꿈을 경험한다. 그녀가 자신보다 덜 섬세하고 강한 남편 주변에 있을 때, 남편은 강한 아버지가 될 것이고, 그녀는 희생자가 되는 것을 경험할 것이다. 이러한 꿈은 그들을 함께 묶어 놓는다. 그들이 서로 얼마나 싫어하는지에도 불구하고, 그녀는 내부와 외부의 잔인한 아버지를 어떻게 변화시킬 수 있는지를 찾아내기 위하여 그와 함께 있을 수밖에 없다.

또한 이 여성은 다른 친구 관계를 가질 것이며, 친구 중에서 자신보다 훨씬 더 약한 여성을 선택할 가능성이 있다. 그녀가 꾸는 꿈은 그녀보다 더 약한 여성을 친구 관계로 구성할 것이다. 그러나 이제 그녀가 친구보다 더 강하기 때문에, 우리의 꿈꾸는 사람(그녀)은 이 커플에서 아버지처럼 그녀 자신을 경험하게 될 것이고, 그녀의 친구는 때때로 희생자처럼 느낄 수 있게 되는 것도 가능하다.

이번에는, 사람들을 기쁘게 하는 것을 배웠고 그의 어머니(실제로 그가 사랑하는 어머니)의 지배 아래 있는 꿈을 꾸는 한 남자를 생각해보자. 그가 다른 사람의 기대를 충족시키려는 경향을 가지고 있는 한, 약간은 마마보이다. 이러한 꿈은 그의 환경을 잘 표현한다. 만일 그가 그보다 더 강하고 명확한 여성과 결혼한다면 그녀는 악마, 지배하는 어머니(적어도 그의 마음에서)가 될 것이며, 반면에 그는 그녀의 기대에 순응하고 복종하는 그 자신을 경험할 것이다.

그는 어디를 가더라도 이 홀로그램을 가지고 다닌다. 그 패턴의 임무는 부근에 존재하는 사람에 달려 있다. 따라서 만일 사무실의 다른 동료가 그보다 덜 권위적이라면, 그는 주위에 있는 다른 사람을 지배하는 사람이나 보스가 될 것이다. 다른 사람들은 반대로 더 약한 역할을 하게 되고, 복종하여야 한다. 따라서 이 사람은 오직 자신의 아내와의 관계에서만 잡혀 산다고 믿을 것이다. 자연히 그는 이러한 것을 '그녀'의 지배적인 본성 때문이라고 여길 것이다.

그러므로 사용 가능하면서 홀로그램에서의 어떠한 인물과 가장 잘 맞는 개인이나 집단의 부분은 연기해야 할 그러한 역할을 받게 된다. 따라서 주어진 가족에서 당신의 역할은 그 자리에 존재하는 다른 사람에 달려 있는 것이다. 다른 가족에게서는 당신의 역할이 완전히 다를 수 있다. 대부분 사람들이 자신의 모든 부분을 경험하고자 하는 욕구를 가지기 때문에, 당신은 이제 왜 사람들이, 각각의 관계에서 자신들의 다른 부분들을 경험하면서, 많은 관계들을 가질 필요가 있는지 이해할 수 있을 것이다.

패러다임의 변화

금세기 초에, 심리학은 개인 특성을 개인적인 행동의 관점에서 설명했다. 사람은 고전물리학에서의 입자와 같이 하나의 나눌 수 없는 개체로 보아졌다. 따라서 세계는 그것의 개별적인 부분의 총합으로서 이해되었다. 그러나 가족 연구, 커플 상담, 동시성의 존재, 이중신호 그리고 정신신체 현상은 이러한 개인에 대한 이론이 드림바디와 홀로그램의 상호 보완적인 이론을 요구한다는 것을 보여 준다. 이러한 이론들은 우주의 행동을, 당신, 나, 부엌의 스토브와 바깥의 나무로 구성된 집합적 신체로서 나타나며 집합적인 꿈에 의해 패턴화된 우주인, 홀로그램으로서 상상한다.

집단 무의식

융은 비인과적인 개념을 현대 심리학에 도입하는 데 큰 공헌을 하였다. 그는 우리가 살고 있는 장(場)을 집단 무의식이라고 불렀고, 하늘에 있는 별들이 한때 우주의 움직임을 지배하였다고 여겨졌던 별자리와 그들의 연관된 신화를 따라 패턴화되었듯이, 이 장이 원형(原型)에 의해 패턴화되었다고 주장했다.

융 이론에 의하면, 원형(原型)은 '단지 인식이나 행동의 특정한 형태의 가능성을 나타내는, 내용이 없는 형태'다. 역경(易經)을 잘 아는 독자는 원형의 생각은 새로운 것이 아니라는 것을 알 것이다. 그것은 현대 물리학과 심리학에서뿐만 아니라, 도(道)에서도 또한 발견된다. 거기에서, 지배적인 '도(道)'는 역선(力線) 또는 '용선(龍線, dragon line)'을 가진 장(場)이다. 이러한 용선은 당신이 역경을 참조할 때 가까운 산의 화산 분출, 대통령의 복통, 중동의 위기나 동전 던지기로 점치기와 같은 다양한 사건들을 구성한다.

인류기원 이론

홀로그램 이론은 융이나 도교 신자보다도 한참 앞선 수 세기를 거슬러 올라간다. 홀로그램은 우주를 지배하는 신(神)들일 것으로 상상되었다. 그들은 신화학자가 인류기원 형상이라고 부르는, 거대한 인간의 모습을 하고 있다. 예를 들어, 불교신자들은 우리 모두가 그 안에서 살고 있으며 위대하고 현명한 아트만(Atman)이라 불리는 존재를 믿는다. 많은 동양 종교에서 삶의 목적은 이러한 존재와 하나가 되는 것이다. 유대교나 기독교 신자들은 인간이 신의 모습으로 창조되었다고 믿는다. 많은 종교들은 우주를 거대하고, 즉 조각으로 나누었을 때 세상의 다양한 요소가 되는, 인간의 형상을 띤 신이라고 믿었다. 예를 들어, 그의 머리는 나무가 되고, 그의 숨결은 바람이 되며, 그의 피는 강이 된다. 폰 프란츠는 그녀의 저서 『신화 창조(*Creation Myths*)』에서 인류기원 인물이 어떻게 이 세상과 이 세상의 창조자로 동시에 믿어졌는지를 설명했다. 몇몇의 신화에서 인류기원 인물은 깨어나면서 세상을 창조하였다고 설명한다. 다른 신화에서는 그가 세상이 존재하도록 꿈을 꾸었다고 믿는다. 많은 신화에서 그는 죽임을 당하거나 죽었을 때, 작은 조각이 된다. 세상과 바람, 태양, 별과 물은 그의 각각의 신체 부분으로부터 창조되었다.

그의 주기적인 깨어남과 잠듦, 그리고 죽음은 역사의 영원한 경험과 행성의 분리와 결합에 대한 우리의 인식을 신화적으로 설명한다. 인류기원 인물이 깨어 있고 건강하다면, 조화와 질서가 지배적이다. 그러나 만약 그가 죽거나 병든다면, 결합의 불가사의한 경험은 산산이 흩어지고, 우리는 우리 자신이 거대하고 두려운 우주의 한가운데서 외롭고 고립된 개인이라는 것을 발견하게 된다. 이러한 순간, 우리는 마치 수많은 조각으로 산산이 부서진 홀로그램과 같다. 우리들 각자는 우리가 할 수 있는 최대한 우리 자신을 되돌려 놓기 위해 최선을 다하는, 전체의 모습을 가지고 있는 아주 작은 파편이다.

인류기원 인물이 조각으로 나누어질 때, 우리의 사회 구조와 제도는 위기를 맞아 흔들거리게 된다. 세상은 재해에 의해 위협을 받고, 우리의 종교는 비틀거리며, 가족 체계는 위기가 만연되게 된다. 앞 장(章)에서 우리는 가족이나 집단이, 자라고, 죽고, 집단 외부에서의 우정을 형성하고, 아이들을 가지거나 심각한 질병에 걸리는, 한 구성원의 개별화 과정에 의해 얼마나 긴장되는지 보았다. 이러한 모든 변화는 전체 가족 시스템을 무너뜨리며, 무너지는 인류기원 인물과 같은, 항상성을 가진 구조는 변화가 완고함을 깨뜨리는 것처럼 무너진다. 여기서 우리는 개인의 개인화 과정이 실제로 드림바디나 인류기원 인물의 전체 과정 역할일 수 있는 가능성을 고려하여야 한다. 자기 자신의 행동조차도 절대적으로 책임을 질 수 있는 사람은 없다.

창조와 붕괴

인류기원 인물의 창조와 파괴의 과정은 개인의 주기적인 투쟁을 따라 패턴화된다. 그는 존재를 통해 상승하고, 그 자신의 내부에서 갈등하고, '조각으로' 나누어지고, 이 생애에서 또는 다른 세계에서 다시 뭉쳐진다.

인류기원 인물의 진화도 비슷하다. 우리는 우리의 세계가 조각으로 나눠게 되는 것을 두려워하며, 다시 뭉치게 될지 궁금해한다. 커플이나 집단은 함께 모이고, 분리하며, 스스로를 재창조한다. 커플, 가족이나 집단의 진화와 개인의 진화의 차이는 개인의 진화가 큰 집단, 국가 또는 행성의 진화보다 더 빠르다는 것이다. 개인의 부분 사이 갈등은 보통 한 시간 안에 어느 정도 만족할 만한 해결에 도달하는 것이 가능하다. 가족상담에서는 같은 해결 상태에 도달하기 위해서 3~4번의 작업이 필요하다. 개인과 구성 부분, 커플 또는 집단과 구성 부분 사이에는 큰 차이가 있다. 개인은 죽음을 두려워하는 반면, 그 두려움으로 인해서 그의 부분을 조사하고 그들을 함께 모으려는 것을 멈추지는 않는다. 그러나 커플의 경우 더 불안정한 상태에 있다. 커플의 구성원은 그들의 관계가 유지되고 성장과 발전의 긴장을 견딜 것이라고 결코 확신하지 못한다. 신화는 우리에게 인류기원 인물이 죽을 때 그의 부분이 산산이 흩어져 날아가고, 부분 각각을 새로운 다른 방식으로 연결한다고 말한다. 따라서 집단이나 가족이 나누어지면, 개인은 새로운 방식으로 다른 사람과 연결된다. 이전에 그들은 단순히 가족의 부분이었으나 지금은 세계의 부분이다. 오늘날 그렇게 많은 분리가 발생하는 것은 우리가 자신을 가족의 부분일 뿐 아니라 세계의 일부이라고 경험하려고 하기 때문이지 않을까?

글로벌 드림바디

나는 관계를 구성하는 글로벌 드림바디를 이해하기 위하여 심리학, 신화학, 물리학 그리고 드림바디 이론으로부터 다양한 개념들을 사용해 왔다. 이 드림바디의 특징들을 짜 맞추어서 드림바디와 다른 이론이나 체계들과의 관계를 설명해 보자. 다음을 보라.

글로벌 드림바디에서

1. 전체는 패턴화되어 있다.
2. 각각의 부분은 전체를 포함한다.
3. 각각의 부분은 우연이든 필연이든 다른 모든 부분들과 연결되어 있다.
4. 전체는 스스로를 창조하고 치료한다.
5. 전체는 스스로를 파괴하거나 아프게 할 수 있다.
6. 전체는 신화적인 특징을 가진다.
7. 전체는 급변하는(flip-flop) 임무의 규칙을 가진다.
8. 전체는 인간의 인격을 가진다.
9. 전체는 인간 발달의 목표다.

장(場), 홀로그램, 드림바디, 인류기원 인물 이론을 포함하는 글로벌 드림바디는 우리가 개인, 집단, 커플, 가족으로부터 보고, 느끼고 듣는 것들을 체계화하는 것을 돕는다. 개인 중심 또는 가족 중심의 패러다임에서는 이해하기 어려웠던 관계의 측면이 글로벌 드림바디의 개념 아래에서는 체계화될 수 있다. 그것은 우리들처럼, 스스로의 삶과 죽음인, 과정에서의 인류기원 인물 모습이다. 인간이 되고, 스스로를 존재하도록 꿈꾸는, 창조와 붕괴의 인류기원 인물 신화는 커플이 마치 개인처럼 성장을 위해 투쟁하면서 어떻게 헤어지고 합치는지 보여 준다.

개인 부분의 결합과 분리는 알아차림과 의식의 본질이다. 따라서 또한 인류는 투쟁과 동맹의 기간을 통해 스스로의 알아차림에서 성장한다. 마치 배가 아플 때 배에 대해 더 많이 알 수 있듯이, 우리는 우리가 곤란을 겪고 그리고 우리가 살고 있는 세계의 나머지와 어떻게 연관시키는지 알아낼 때, 비로소 우리에 대해 더 많은 것을 발견하게 된다. 그의 성장하는 자기 알아차림은 우리가 살고 있는 우주와 사회의 성장하는 우리의 알아차림에서 반영된다. 그의 증가하는 알아차림은 심리학에서 우리의 발전하는 관심에 반영된다.

글로벌 드림바디는 개인 부분의 패턴, 꿈 그리고 환상을 체계화하면서 개인적 드림바디처럼 작용한다. 사람들은 그들의 체계화된 신화의 관계 속에서 움직이고, 아프며, 꿈을 꾼다. 이중신호, 조화된 행동과 부조화된 행동, 그리고 1차 과정과 2차 과정은 우주적 드림바디의 부분들 사이의 의사소통의 인과적이며 역학적인 측면이며, 자신의 장(場)과 같은 작동을 나타낸다. 그러나 그와 동시에, 그리고 더 큰 시각에서 글로벌 드림바디는, 그 부분에 대해 어떠한 알려진 역학적 영향도 없는 패턴에 의해 체계화된 동시적 연결의 비인과적 장이기도 하다. 또한 글로벌 드림바디는, 그것의 개인적 부분이 다른 모든 부분들과 전체가 같은 패턴을 반영하는 한, 홀로그램처럼 작용한다.

과정의 변화

우주적 드림바디에서의 변환이 세계 대전을 일으킬지 평화를 가져올지는 단지 신뿐만 아니라 연관된 우리 모두에게도 달려 있다. 현재 변화에 대해 우리가 작업하는 방법에는 두 개의 핵심 문제가 있다. 첫 번째는 우리 자신의 다양한 부분들에 대한 지식이나 태도다. 우리는 자신의 외부에서만 민주주의를 믿는다. 내부에서는 모든 유치한 부분, 즉 분노, 질투, 관능, 이기주의와 야망이 차별을 경험한다. 그것들은 비난받고 억제되고 있지만 감춰진 어떠한 부분들도 나중에 지배하는 질서에 대항하여 활동할 것이다. 1차 과정을 통해 억압된 어떠한 '악'도 결국 압도적이 되어 우리를 놀라게 하고 관계를 방해하는 데 기여한다. 만약 우리가 우리의 모든 부분들에게 공개적이지 않다면 우리는 그들을 바꿀 수 없을 것이고, 반대로 그들이 우리를 바꿀 것이다. 그 결과, 우리는 마치 이전에 박해받던 폭군에 의해 지배받는 나라처럼, 그것들에 의해 갇히게 될 것이다. 이것은 불가피하게 세계 대전을 초래한다. 유치한 것, 감정적인 것, 질투적인 것, 그리고 상처받는 것들은 모두 우리의 자기상(self-image)에 속하며 속해야만 한다.

우리가 변화를 처리하는 방법에서 두 번째 핵심 문제는, 종교적이며 과학적인 문제 모두로서 보일 수 있다. 그것은 신앙의 문제이며 우리가 어떻게 세상을 보고 느끼는가의 문제다. 이 문제가 바로 내가 상담자의 태도라고 부르는 것이다.

CHAPTER

11

상담자의 태도

CHAPTER

11 상담자의 태도

개별적인 삶과 집단적 삶을 구성하는 꿈, 장(場), 인류기원 인물에 대한 지식은 내담자뿐만 아니라 상담자에게도 어떠한 의미를 가지고 있다. 이것들은 상담자 자신과 내담자에 대한 상담자의 태도를 변화시키는 잠재력을 가지고 있다.

전체와 부분들

나는 내담자들과 작업할 때, 단지 각각의 개별적인 꿈속의 인물과 신체 증상을 보는 것만이 아니라 이러한 것들이 전체 개체성에 대해 가지고 있는 함축적인 의미도 본다. 마찬가지로 내가 커플이나 가족과 작업할 때 총체적인 장(場)을 지각하는 것은, 나에게 스스로를 나타내기 위해 장에 의해 사용된 도구인 증상으로써 문제가 있는 개인과 작업할 수 있게 해 준다.

그 이론에 따르면, 가족 구성원의 한 사람이 가족 안에서 하고 있는 역할과 그 개인 자체를 완벽하게 동일시할 수가 없다. 왜냐하면 그는 다른 집단에서는 또 다른 역할, 심지어는 그가 지금 하고 있는 것과 상반되는 역할을 할 수 있다는 것을 알고 있기 때문이다. 이것은 대부분의 사람들이 왜 다양한 종류의 친구들을 가지고 있는지를 설명한다. 비록 각각의 친구 관계가 다른 장들과 비슷할 수 있는 드림바디 장을 창조한다고 할지라도, 부분들이 각각의 장에서 채워지는 방법은 다르다. 어느 장에서 감정을 느끼는 유형은 다른 장에서는 생각하는 유형이 되도록 강요받을 수도 있다.

과정 편들기

드림바디 장은 항상 변화하고 있으며, 경직된 1차 과정을 항상 괴롭히고 있다. 개인과 작업할 때, 해결책에 초점을 두지 않고 과정에 초점을 맞추는 상담자는 전개 과정의 편을 든다. 만일 내가 개인이 겪어야 할 변화에 초점을 둔다면, 그때 나는 그가 변화하고 새로운 성격 특성 또는 행동 패턴을 발달시키는 것을 추천하는 행동주의적 경향성을 피한다. 도리어 변화를 편듦으로써, 즉 어떤 주어진 순간에 일어나고 있는 것의 알아차림을 편듦으로써, 그 사람이 완전해지고 균형 잡히도록 프로그램화하는 것은 피한다. 하지만 어느 주어진 행동 프로그램이 몇 사람들에게는 필요한 과정일 수도 있다는 것을 깨달을 수 있는 융통성은 있어야만 한다.

마찬가지로 나는 커플과 작업할 때, 그들에게 있어나고 있는 일뿐만 아니라 그들이 요청하는 것도 편들어 준다. 그들의 전체 과정을 편들어 줌으로써, 그들 드림바디 구성원들 중의 어떤 한 사람을 무조건적으로 편들어 주지 않으며, 바로 그 순간의 꿈속의 인물을 그 개인과 동일시하지도 않는다.

일방적인 편들기

가능한 한 중립을 지키려는 상담자의 선의의 목적에도 불구하고, 그는 커플 혹은 가족의 한 구성원을 편들게 되는, 어렵고 달갑지 않은 위치에 있는 자신을 자주 발견할 수 있다. 한 구성원이 자신의 이야기를 하면, 상담자는 그가 다른 구성원에 의해서 학대를 당했고 도움이 필요하다는 것을 믿으면서 동정하고 지지하기를 원한다. 그러나 다른 구성원이 자신의 입장에서 이야기를 하게 되면 다시 그림은 바뀌게 되고, 상담자는 그의 기본이 변한다는 것을 발견할 수 있다.

이러한 상황에서, 상담자가 절대적인 객관성과 중립성을 가지고 있다고 주장하는 것은 어리석은 짓일 것이다. 비록 원칙적으로, 가장 공정한 것은 중립성을 선언하는 것이겠지만, 그것은 즉시 그 가족의 다른 가족 구성원들로부터 의심을 받게 될 것이다. 사실, 인간의 본성에 의하면 상담자라도 최소한 순간적이라도 특정한 선호 경향을 가질 수 있다는 것을 알기 때문에, 그들은 의심을 할 모든 권리를 가지고 있다. 그러나 상담자가 한 구성원을 영구적이며 무조건적으로 편을 들면, 가족 혹은 집단은 깨어질 수 있으며 심하게 상처를 받을 수 있다. 이러한 문제는 상담자가 다른 구성원들보다 한 구성원과 더욱 집중적으로 작업을 할 때 특히 심각하게 일어날 수 있다.

상담자는 어떻게 자신의 선호성을 다룰 수 있을까? 작업이 시작되면서, 커플이 의사소통을 시작할 때, 상담자는 자신이 누구를 가장 잘 알고 있는지에 상관없이, 자신의 신의가 한 구성원으로부터 다른 구성원으로 끊임없이 바뀌는 것을 발견할 수 있을 것이다. 하지만 그래야만 하는 몇 가지 이유가 있다. 첫 번째는 구성원들 사이에서 자주 왔다 갔다 하는 비난이 실제로 약간의 진실을 포함하고 있을 수도 있다는 것이다. 상담자는 선호성을 가장하여, 비난 뒤에 있는 진실을 실제로 인지하고 있는 것이다. 비록 비난 속에 약간의 진실이 있다 하더라도, 비난을 받는 사람이 그 비난을 직면하고 인정한다는 것은 사실상 불가능하다. 세상에서 가장 자연스러운 반응은 그것을 거부하고, 비난을 반박하는 것이다. 상담자는 구성원이 서로 변화시키는 것을 도움으로써 그 순간의 선호성을 건설적으로 사용할 수 있어야 한다. 사실, 비난은 의사소통의 가장 효과적인 방법이 아니다. 상담자가 비난 속에서 진실을 발견할 때, 그가 할 수 있는 가장 유용한 방법은, 그가 비난하는 사람의 불확실성을 탐색함으로써, 그 비난이 비난받는 사람에게 좀 더 수용적이 될 수 있도록 노력하는 것이다. 이것은 비난하는 사람을 더 강해지도록 도울 수 있을 것이다.

상담자가 순간적으로 선호성을 가지는 두 번째 이유는, 비록 한 구성원이 다른 구성원에 대해 불만이 있다 해도 그는 그 불만을 표현하지 못할 수 있으며, 따라서 자신의 감정에 대해 더 많은 지지를 얻기 위해서 상담자와 무의식적으로 연합을 형성하기 때문이다. 그러나 상담자는 연합으로 끌려 들어가는 대신에, 연합을 만드는 사람에게 그의 알아차림을 통하여, 그가 집에서는 말할 수 없다고 느끼는 것들을 말하기 위하여 지지가 필요하다는 것을 보여 줄 수 있다.

편드는 것은 상담자가 드림바디 구성원에 의해서 꿈꾸어질 때 자주 일어난다. 상담자는 그 당시에는 지지할 수 없거나 혹은 공개할 수 없는 메시지를 가진, 한 구성원의 이중신호, 감정, 반응 혹은 의견들을 찾아낸다. 그러나 상담자는 이 구성원의 대변인이 되는 대신에, 그의 경계에 대해 작업할 수 있다. 상담자는 그 사람이 그 부분과 그 메시지를 찾아내도록 격려할 수 있고, 그가 연합을 통해서 찾고 있는 지지를 그에게 직접적으로 줄 수 있다.

때때로 상담자는 그가 그의 선호성에 따라서 행동할 수 있기 전에 오랜 시간을 기다려야만 한다. 언젠가 나는 외롭고 수줍어하는 외동딸을 가진 한 커플을 상담한 것을 기억한다. 그들은 이혼하려는 상황이었다. 나는 부모가 싸우기 시작했을 때 그녀의 내향성과 두려움 때문에 즉시 그녀의 편을 들었다. 그러나 그녀에게 접근하기 위한 나의 모든 노력은 그녀를 더 궁지에 몰아넣었을 뿐이었다. 그녀를 안심시키려는 어머니의 노력도 또한 거부당했다. 잠시 후에 나는 더 이상 그 아이에게만 초점을 맞출 수가 없었기에 어른들의 싸움을 따라갔다. 그들은 이혼 후에 누가 딸에 대해 양육권을 가질 것인지에 대해서 싸우고 있었다. 갑자기 싸움판 한가운데로 소녀가 우리에게 작은 장난감을 던졌다. 나는 이것을 자신과 함께 놀아 달라고 초대하는 신호로서 받아들였다. 그녀는 작은 인형들과 함께 '가족' 놀이를 하고 있었다. 그녀의 놀이에서, 어머니는 딸을 맡지 않기를 원했었고, 딸이 아버지와 함께 있기를 원했었다. 그래서 딸은 아버지에게 갔으나, 바로 아프게 되었다. 그러자 어머니가 침대 옆으로 와야만 했었고, 딸은 어머니가 필요했었다고 말했다. 그 순간에, 놀이를 바라보고 있었던 실제 어머니가 갑자기 울기 시작했고, 어머니는 아이가 그녀를 더 이상 사랑하지 않는다고 생각했기 때문에 정말로 소녀를 맡지 않기를 원했었다는 것을 인정했다. 어머니는 그녀가 혼외관계를 시작함으로써 가족을 해체하게 만든 첫 단계를 제공했기 때문에 죄책감을 느꼈다. 딸 역시 울었지만, 무엇보다도 아버지는 미소를 지었다. 왜? 그것은 그가 결혼하려고 생각하고 있는 여자에게는 이미 너무 많은 아이들이 있다는 것이 떠올랐기 때문이었다.

드림바디 지혜

당신이 의사소통을 중단함으로써 경계를 버리고 과정을 따른다면, 부분들은 스스로를 자발적으로 연결하고 재구성하게 된다. 어떻게 이런 일이 일어날 수 있는가? 이것은 각각의 드림바디가 스스로의 원시적 지혜와 지성을 가진 인류기원 인물이기 때문에 일어난다. 많은 임상 경험을 통하여 알 수 있는 것은, 만약에 당신이 신체가 자신에 대하여 알아차리도록 돕는다면, 신체는 스스로를 창조적으로 재구성하기 위해서 필요한 것은 무엇이든 할 수 있다는 것이다. 만일 상담자가 신체의 안녕을 위해서 책임감을 느낀다면, 신체는 꿈의 신비하고 창조적인 힘과 동일시하게 된다. 그러한 팽창은 바로 사람과 인류의 본성에 대한 우울증으로 이끌게 된다. 따라서 나의 제안은 상담자로서 무의식을 의식적으로 만드는 겸허한 일을 하면서, 삶이라고 하는 신비한 것이 스스로 창조와 재구성을 하도록 두라는 것이다.

간섭

가장 중요한 것은 본성에 간섭하지 않는 것이다. 나는 자신을 때리고, 학대하고, 대중 앞에서 모욕을 주고, 그를 격렬하게 미워하는 알코올 중독 여자와 결혼한 한 남자를 기억한다. 그는 불평을 했고, 나는 당연히 그에게 되받아 싸우라고 말했다. 그러나 나는 나 자신도 신뢰하지 않았기 때문에, 그에게 나의 조언을 받아들이기 전에 꿈을 말해 보라고 물었다. 그는 그녀와 싸우지 말고 순종적이어야 한다는 꿈을 자주 꾸었다고 말했다. 몇 주 동안의 비폭력적 저항운동 후 어느 날, 그녀는 술에 취한 상태에서 사고로 집에 불을 냈고, 죽었다. 그는 그녀가 가지고 있었으나 전혀 알지 못했던 많은 돈을 상속받았고, 곧 재혼했으며, 그 후 상당히 행복하게 살았다. 이 이야기의 교훈은, 어느 누구도 심지어 잘 훈련되고 유능한 심리학자라 할지라도, 운명의 결과를 알지 못한다는 것이다. 상담자의 임무는 조언만이 아니라 무의식을 알아차림으로 가져오는 것이며, 삶이 나머지를 하도록 신뢰하는 것이다.

지각 변화

커플을 한 단위로서 보는 것은 상담자의 세계관에서 지각적 변화를 만드는 것이다. 만일 내가 커플을 연결 부분이 있는 집단으로 본다면, 나는 내가 한 구성원에게 질문을 제기할 때 다른 구성원으로부터도 대답을 기대할 수 있다. 이러한 기대감은 나의 지각 체계를 열어 놓는다. 사실, 커플과 작업하면서 한 구성원에게 질문을 할 때, 나는 빈번히 다른 구성원, 다른 채널, 심지어는 다른 물체로부터도 대답을 얻는다. 따라서 나는 그때에 사람들 사이의 공간을 응시하며 개인들을 넓은 장에서의 두 점으로 보는 내 눈들을 발견한다. 이러한 새롭고 일반적이지 않은 지각 양식은 상담자의 관점을 바꾸고, 인간의 행동에 대한 그의 기대를 혼란스럽게 하기도 한다. 하지만 그것은 상담자로 하여금 그의 지각(知覺)을 열어 놓으며, 그를 둘러싸고 있는 세상을 깨닫게 해 준다.

사례

유연한 초점을 가진다는 것은 상담자로 하여금 개인과 집단 사이를 왕래하도록 허용한다. 만일 그가 유연하지 못하다면, 그는 개인 주위에 경계를 만들고, 발생하는 관계 문제들을 무시하게 된다. 반면에 만일 그가 가족 단위 주위에 경계를 만든다면, 그는 개개인의 관심과 도움을 요청하는 신호들을 놓치게 될 것이다.

나는 언제인가 아이가 심한 피부 발진을 가지고 있기 때문에 찾아온 가족과 작업했었다. 나는 그들이 처음 왔을 때 그들의 1차 과정은 가족 상황에 초점을 맞추어야 한다는 것을 알아차렸다. 그들은 현대 심리학에 관한 많은 책을 읽었고, 아들의 질병에 대해서 작업하기 위해 가족 전체가 와야 한다는 것도 알고 있었다.

그러나 우리가 작업을 시작하자마자, 남편은 창문 쪽으로 돌아앉았다. 나는 가족상담을 하려는 그의 의도에도 불구하고 혹시 그가 떠나기를 원하는지 물었다. 그는 머물러 있기를 원한다고 말했지만, 곧 그는 사업상 정기적으로 방문했던 다른 나라의 여자와 관계를 갖고 있다고 고백했다. 그러자 부인은 즉시 그의 행동을 이해할 수 있다고 선언했고, 잠시 후에 작은 소년에게는 심하고 보기 흉한 발진이 발생했다. 나는 어머니에게로 돌아서서, 감정에 반하는 그녀의 경계에 대해 작업했다. 그녀는 남편이 떠날지도 모르기 때문에 질투심을 가지고 남편을 대면하는 것이 두렵다는 것을 인정했다. 반면에 아이는 더 심하게 발진을 하게 되었다. 즉, 어머니가 자신의 감정을 감추려고 하면 할수록 소년은 더 혼란스러워했다.

나는 그 순간 그녀에게 초점을 맞추기로 결정했다. 질투에 의한 인과적 연결, 그것에 대항하는 경계, 그리고 소년의 발진은 나에게 아주 인상적이었다. 처음에 나는 그것을 사용하기 위해 시도했고, 어머니가 변화하도록 격려했다. 마침내 나의 초점은 그녀와의 갈등으로 끝이 나고 말았다. 그녀는 감정적이지 않다고 주장하였고, 나는 그렇다고 주장하였다. 나는 아이를 둘러싸고 있는 긴장을 감소시키기 위해서, 아이에게 밖에서 누나와 기다리라고 부탁했다. 그러자 어머니는 폭발했고 가족을 깨뜨린다고 나를 비난했다. 이것이 그들의 2차 과정이라는 것을 깨닫고, 나는 아버지에게 일주일 동안 떠나 있고, 아이들은 할머니와 머물며, 어머니는 친구와 함께 지중해에 일주일 동안 휴가를 가라고 조언하였다. 그 가족은 나의 제안에 분노했다. 그들은, 나에 대한 그들의 분노 때문에 서로 조화롭고 일치된 모습으로 상담실을 떠났다. 그리고 그들은 2주 후에 다시 나타났으며, 아버지는 그가 정말로 아내를 사랑했지만, 단지 숨 막힐 것 같은 가족 분위기에서 달아나기 위해서 연애를 시작한 것뿐이었다고 인정했다. 소년의 발진은 사라졌다.

이 이야기의 요점은 나의 지각적인 유연성이 처음에는 제한되었다는 것이다. 나는 그들을 오로지 가족 단위로서 보기를 원했기에, 나 자신이 어머니와 둘이서 함께 상호작용하는 것을 피했었다. 그래서 나는 가족에 초점을 두는 프로그램을 만들었다. 그러나 이것이 단지 그들 부부의 문제였기 때문에, 나는 초점을 바꿔 어머니에게 관심을 기울이고, 아이들을 떠나도록 함으로써, 전체적인 상황을 개선시킬 수 있었던 것이다.

드림바디 긴장

가족과 작업하는 것은 개인과 작업하는 것보다 쉽기도 하고 어렵기도 하다. 그것은 모든 부분들이 존재해 있고 상호작용하기 때문에 도리어 쉽다. 이는 그들이 무엇을 하고 있는지 그리고 무엇을 느끼는지 직접 물어볼 수 있기 때문이다. 따라서 문제와 경계가 무엇인지 추정할 필요가 없다. 집단적 드림바디 안에서 증가된 명확성은 똑같이 증가된 긴장에 의해 상쇄된다. 경계와 문제들로 가득한 가족 혹은 집단과 함께 앉아 있는 것은 터지기 직전의 폭탄 가까이 앉아 있는 것과 같다. 그 구성원들이 종종 떠나기를 원하는 것은 놀랄 일이 아니다. 긴장은 고통스럽고, 처음에 그 장면으로 들어오기 위해서는 상당한 용기가 필요하다. 나는 왜 많은 상담자들이, 가족과 작업하지 않는 것을 선택하거나, 또는 가족 행동을 명확하게 기술된 규칙과 규정에 의해 지배되는 놀이로 체계화하는 것을 선택하는지 쉽게 이해할 수 있다.

가족 긴장의 의미

상담자가 패밀리 바디(family body)에서 경험하는 심각한 긴장과 고통은, 개별적 신체 부분이 서로 문제를 가질 때 느껴지는 고통, 또는 신이 그 자신의 부분으로서 우리 모두를 경험하고 있는 고통과 비슷하다. 총제적 드림바디의 살아서 작동하고 있는 구성원이든 또는 상담자이든 이러한 고통을 피할 수는 없다. 고통은, 긴장이 견딜 수 없을 정도가 되면 부분들이 자신들의 경계를 넘도록 강요하면서 의사소통이 시작되면 즉시 사라진다. 나는 단지 가능한 한 많은 긴장을 받아들이고, 그리고 그것이 이러한 문제들을 해결하는 방법을 놓쳐 버린 거대한 신체의 긴장과 고통이라는 것을 깨달으라고 충고할 수밖에 없다.

긴장을 작업하기

민감한 상담자는 자신이 가족의 중개자 역할을 한다는 것을 알아차릴 것이다. 그가 느끼는 슬픔과 스트레스는 그 고통에 대한 반응이다. 따라서 그는 그러한 느낌을 언어 속에서 끄집어낼 수 있거나, 혹은 내담자의 이중신호와 꿈속에서 발견할 수 있다. 어떤 가족 주위의 장(場)은 상담자가 합리적이 되도록 꿈꾸고, 문제를 해결하고, 모든 것을 분명하게 할 수 있다. 다른 가족들은 단순히 중립을 지켜줄 상담자를 필요로 한다. 어떤 내담자들은 변화를 원하지는 않지만, 격려와 보살핌을 원하기도 한다. 어떤 커플들은 단지 감사함과 관대함을 필요로 한다.

상담자를 끌어들이기

상담자가 무의식적으로 이러한 장으로 끌려 들어와서 그 가족이 스스로 해야만 하는 것을 대신 해 주는 것에는 위험이 존재한다. 수련 과정의 한 학생이 결혼한 커플을 상담한 적이 있었다. 그 아내는 질투가 잘못이라고 믿었기 때문에 누군가를 질투하게 되는 것을 두려워하고 있었다. 하지만 그녀는 질투를 하기 위해서는 힘이 필요했고 그것을 얻고자 하였다. 따라서 그녀는 남편을 상담 과정으로 데려와서는 상담자를 은근히 자신의 편으로 끌어들었다. 상담자는 그녀 때문에 우쭐해졌고, 얼마 후에 그녀의 남편에게 싸움을 걸어서 그녀를 방어하였다. 그녀는 즐거워했는데, 왜냐하면 그것이 바로 그녀가 필요로 했지만 할 수 없었던 것이었기 때문이다. 상담자는 그녀를 지원하기 위해서 무의식적으로 그녀와의 연합으로 끌려 들어간 것이다.

나는 이러한 연합 상황에 있는 상담자에게 내담자인 그녀가 남편에게 상담자 역할을 하도록 슈퍼비전을 하였다. 나는 그녀가 남자에게 저항하기를 두려워하고 있어, 결국 상담자로 하여금 그녀를 대신해서 남자에게 대항하도록 했음을 알았다. 그녀가 결국 상담자 역할을 하고, 그녀 스스로 그 남자에게 대항하였을 때, 그녀는 매우 흥미로워했다. 놀랍게도 그 남자도 그녀에게 화를 내지 않았고, 그녀가 더욱 역동적이고 매혹적임을 발견하였다.

따라서 중개자로서 상담자는 가족의 장이 스스로를 표현하는 데 사용될 수 있는 도구가 된다는 것을 의미한다. 만일 그가 드림바디에 기여하는 부분을 알아차리고 있다면, 그는 모든 사람에게 이익이 되는 그 역할을 적극적으로 활용할 수 있다. 이상적인 상황에서는, 그가 자신이 느끼는 것을 알아차리고, 그것과 동일시하고, 그것을 그 가족 중 한 명 혹은 모든 구성원들의 신호 및 과정과 연결시킨다. 만약 그가 가족 드림바디에서 요구되는 역할을 알아차리지 못하면, 그는 결코 이것을 가족 체계에 돌려줄 수 없다. 결과적으로 그 가족은 그들의 2차 과정을 전혀 알지 못하고 계속 따라가게 된다. 비록 자기 자신을 따르기 위해 요구되는 알아차림과 경험, 외적인 상황, 그리고 그 둘 사이의 연결이 개인에게 있다 하더라도, 선천적으로 다 타고나는 것은 아니다. 따라서 나는 관계 작업에 관심이 있는 모든 이들에게 자기 분석으로 들어가서, '실제 상황'으로 또는 비디오 녹화를 통해서 과정지향 작업의 주기적인 슈퍼비전을 받을 것을 제안한다.

시행착오

부모가 나에게 데리고 온 끊임없이 서로 싸우는 두 아이의 예를 생각해 보자. 소년은 매우 수줍어했다. 이 소년은 누이동생이 그에게 고함을 지를 때마다 돌아서서 바닥을 내려다보았다. 나는 소년의 태도를 작업하였고, 소년의 싸움에 대한 무관심과 평온의 필요성을 말로 표현하도록 도와주었다. 소년이 여동생에게 그렇게 말을 하자마자, 그들은 가장 친한 친구가 된 것처럼 보였고, 네 명 모두가 행복하게 상담실을 떠났다.

다음날 그의 어머니가 나에게 전화했을 때, 매우 놀랐다. 그녀는 아들이 방문을 잠그고 있고, 누이동생은 심각한 우울증에 걸렸다고 걱정하였다. 만일 내가 모든 과정을 충분히 알아차렸었다면, 상담실에서 작업을 더 효과적으로 했을 수 있었을 것이다. 나는 그 소년이 자신의 희망을 누이동생에게 말로 할 것이 아니라, 그의 여동생으로부터 물리적으로도 피하도록 소년을 도와야만 했었다. 나는 말로 해결하는 것이 실제로 그 소년에게는 관심이 없는 접촉의 한 형태라는 것을 인식했어야만 했다. 다음에 내가 그들을 상담했을 때, 나의 실수를 고쳐, 소년에게 누이동생이 자신을 공격할 때 바닥을 내려다보지만 말고, 그녀에게서 등을 돌리도록 격려하였다. 당연히, 그녀는 우울해졌지만, 적절한 도움으로 누이동생은 오빠가 필요했고, 사랑했고, 그리워했음을 인정하였다. 이 고백은 그 소년을 깊이 감동시켰다. 둘은 함께 울었고, 서로의 특수성을 존중하기로 약속하였다. 이 장면은, 가족 내에서 내향성이 명백하게 금지되었고 억제되었기 때문에, 이들의 부모에게는 무척이나 중요한 장면이었다. 누이동생이 평화와 평온함을 위해서 오빠의 요구를 받아들이기로 결정을 했을 때, 그 어머니는 울음을 터뜨렸다. 그녀도 똑같은 것이 필요했었기 때문이다. 그 가족은 많은 의무적인 가족 활동을 중단하기로 하고, 사생활을 위해서 서로 간의 요구를 존중하기로 결정하였다.

이 이야기에서, 그 소년은 가족에 대해 내향성인 2차 과정을 가지고 있었다. 처음에 나는 그의 2차 과정의 중요성을 놓치고, 누이동생과 말로 하는 대화를 위해 자신을 희생하도록 강요했으나, 이것은 도리어 2차 과정의 힘을 증폭시켰다. 따라서 그가 자신의 방에서 홀로 있을 때 2차 과정은 갑작스럽고 격렬하게 폭발하였다. 그 소년을 포함한 가족 모두는 충격을 받았는데 바로 그들의 1차 과정은 개방형이며 연대감이었기 때문이다.

만약 상담자가 내담자나 파트너의 행동에 의하여 갑작스럽게 사로잡힌다면, 그는 신호를 놓치게 된다. 상담자는 2차 과정을 무시하게 되고, 적어도 두 가지 방법으로 스스로를 교육시켜야만 한다. 첫째, 상담자는 자신이 어떠한 신호를 놓치는 경향이 있는가를 찾아내어야 하며, 둘째, 자신이 왜 그것들을 놓치고 경시하는가를 찾아야만 한다. 신호를 더 잘 알아차리고 그것들의 암묵적인 과정에 대하여 더 현명한 평가를 한다면, 내담자나 파트너가 상담자를 놀라게 하는 일은 거의 없을 것이다. 상담자는 발생하는 과정을 먼저 볼 수 있어야만 한다. 육체적인 질병, 분리, 결혼, 이혼, 정신병, 자살, 죽음,

임신 등은 그것이 눈에 보이기 전에 모두 발견될 수 있는 것들이다.

연약함과 강함

길게 보면, 인간 단위에서는 약자(弱者)도 강자(强者)도 없다. 가장 약자인 아기는 발진을 일으켜서 성인들을 절망에 빠뜨리고 그들을 경계에 이르게 할 수 있다. 나는 둔감하고 성공한 사업가 남편을 둔 여인이나 전형적인 공처가 남편에 대해 더 이상 나쁘게 느끼지 않는다. 외관상으로 부부 중의 '약자'는 2차 과정의 무한한 영역을 가지고 있으며, 그들의 무의식적인 능력에는 지브랄타의 바위조차도 깨뜨릴 수 있는 '마법의 주문'을 가지고 있다. 약자는 강자로 하여금 과거의 잘못들에 대해서 죄책감을 느끼게 함으로써, 자신에 대한 아이들과 이웃 그리고 친구의 의견에 대해 미묘한 암시를 통하여 그를 무시하고, 미움과 혐오에 대한 이중신호를 흘림으로써, 어떤 경우에는 이혼 소환장으로 그를 놀라게 하면서, 강자의 높은 위치를 천천히 무너뜨린다.

커플 중의 강자는 고통, 질투, 두려움과 같은 인간적 감정을 보여줄 만큼 절대로 충분히 강하지 않지만, 대신에 고통스러운 사실들을 다룰 때는 컴퓨터와 같은 가면으로 약자를 현혹시킨다. 강한 사람은 수용된 1차 과정인 침착과 냉정을 표현하기 때문에, 초기에는 이기는 것처럼 보인다. 그럼에도 불구하고, 약자는 궁극적으로 사건의 과정을 결정지을 수 있는 강력한 2차 과정을 명백하게 가지고 있다.

나는 비록 약자가 초기의 싸움에서 진다 해도 승자 또는 패자가 된다는 것이 단지 착각에 불과하다는 것을 확신한다. 더구나, 삶의 게임에서 한 번의 '승리'에는 해롭고 복수심에 불타는 이중신호를 받아들이는 고통이 뒤따른다. 비록 소설과 영화가 이야기책 사랑의 행복한 결말을 묘사하더라도, 과정지향 상담자는 시작, 끝, 승자와 패자 그리고 문제와 해결책은 단지 1차 과정의 착각이라는 것을 알고 있다.

해결되지 않는 문제의 현상

커플 또는 가족이 해결될 수 없는 문제에 부딪혔을 때 무엇이 발생하는가? 상담자가 그들이 자신들의 경계를 넘고, 서로 의사소통을 하도록 도울 수 없다면, 그들은 부분으로 나누어진다. 각 구성원은 뒷담화를 하고, 지지를 찾아서, 조언을 구하기 위해서 가족 밖의 다른 사람들에게 갈 것이다. 당연히, 이것은 파괴적이며 비생산적인 과정으로서 부정적으로 판단될 수 있다. 왜냐하면 그것은 가족안의 에너지를 환경에 분산시킴으로써 고갈시키기 때문이다. 그러나 더 크고 확장된 환경을 포함하도록 가족 단위를 재정의함으로써, 표면적으로 해결할 수 없는 문제가 어떻게 가족의 경계를 해결하는지 관찰하는 것은 매우 흥미로운 일이다. 하나의 인간 단위 경계를 허물고 인류기원 인물을 형성하기 위해 다른 인간 단위에 연결하는 것은 해결할 수 없는 문제에 대한 역할로 보일 수 있다. 해결할 수 없는 문제의 의미는, 커다란 단위인 인류기원 인물이 그것의 작은 부분을 통해서 스스로를 풀어 나가는 과정을 가지고 있다는 것을 고려할 때, 이해될 수 있다. 따라서 작은 단위로서 해결될 수 없는 것은 거대한 인류기원 인물을 위한 발전의 한 부분으로 작용한다.

예를 들면, 상류층, 백인, 교외의 고급주택 공동체에서는 공동체 내의 한 가족을 집 도둑, 조직폭력배, 불량배 또는 살인자들로 꿈꿀 수 있다. 그러면 이 가족은 문제를 자체적으로 해결할 수 없을 것이다. 왜냐하면 거대한 공동체는 집단적인 2차 과정을 위한 채널들로서, 또한 희생양으로서 그 가족을 필요로 하기 때문이다. 이러한 가족을 포함하는 홀로그램은 야생, 공격성, 또는 다른 잃어버린 본능과의 관계를 발전시키는 한가운데에 있다. 총체적 인류 발달은 공동체의 더 큰 선(善)을 위해서 가족 경계의 깨뜨림과 특정 가족들의 활용에 기여하기도 한다.

CHAPTER

12

지구 행성 심리학

CHAPTER

12 지구 행성 심리학

당신이 정신신체 의학에 관심이 있는 상담자라고 상상해 보자. 당신이 외국을 여행하던 중, 인구 과잉의 제3세계 국가의 한 농부가 자신의 아내에 관해 상담을 받기 위해 당신을 찾아왔다. 그는 결혼한 지 몇 해가 되었으나 아직 아이가 없다고 말하며, 그가 살고 있는 지역에서 생존하기 위해서는 적어도 3명의 아이가 있어야 한다고 말했다. 그는 농장에서 함께 일을 할 두 아들과, 마을에 함께 가서 농산물을 팔아서 현금을 벌어 들이고 생필품을 구입할 셋째 아이도 필요하다.

이 농부는 그의 개인적인 관심과 공동체 신의 뜻이 갈등을 일으키는 꿈을 꾸었다. 농부는 자신이 사는 공동체가 심한 식량부족으로 어려움을 겪고 있다고 말한다. 그것은 마치 그의 공동체의 인류기원 인물이 인구 과잉으로 말미암아, 만일 그 공동체의 개별적 부분인 각각의 개인적 관심과 욕구가 충족된다면 공동체의 거대한 인류기원 인물이 곧 소멸될 것처럼 보였다. 농부 꿈에서의 공동체 수호신(神)은 농부 아내의 출산을 막음으로써 농부의 개인적 소망을 방해하고 있다. 이러한 '방해'는 그에게 직접적으로 행해졌다고는 할 수 없지만, 그것은 지역사회 전체에 이로우며, 간접적으로는 그에게도 결국 이롭게 된다. 만일 모든 부분들의 목표가 충족된다면, 공동체는 붕괴될 것이고, 그 결과를 누릴 어느 누구도 살아남지 못할 것이다. 따라서 그 우주적 드림바디는 농부 개인과 가족 체계를 방해하고, 아버지로서의 정체성을 위협하며, 그의 꿈과 아내의 불임을 통해 자신을 그가 살고 있는 세계의 일부로 보도록 강요한다. 이제 그는 더 이상 작은 마을의 농부가 아니라 우리 세계의 일원인 것이다.

종교철학의 경험적 측면

이 사례는 더불어 사는 삶과 이웃에 대한 사랑이라는 이야기 속의 윤리가 왠지 전통적인 종교철학 같다는 점에서 흥미롭다. 이러한 영원한 철학과 우리 사례 사이의 차이는, 종교적 개념이 지금까지 실현되지 않았던 꿈과 같은 것이라는 것이다. 더 큰 단체의 일원으로서의 경험은 명백하게 우리 지구의 미래가 달려 있는 피할 수 없는 필연성이 되고 있다. 아마도 이 경험은, 만일 우리가 살고 있는 세상에 영향을 미칠 뿐만 아니라 우리의 농부처럼 우리도 역시 지구의 총체적인 상황에 의해 크게 영향받게 된다는 것을 고려한다면, 모든 사람에게 적용될 것이다.

개인적 태도의 변화

지금까지, 우리는 세부적인 것들을 이해하는 우리의 능력을 개선하는 것에 매우 행복해 왔다. 우리는 렌즈와 현미경, 마침내 전자 현미경까지 개발했다. 우리는 세부적인 것들을 이해하는 이러한 능력의 증가가 결국 우주의 역학적 행동을 이해할 수 있을 것이라고 기대하였다. 하지만 그곳에 최종적으로 상세한 역학적 세부 사항은 없는 것처럼 보인다. 세부 사항을 들여다보는 것은, 왜 우리가 한번에 여러 곳에 있을 수 있는지, 왜 우리가 갑자기 우리의 의사소통 범위를 넘어 다른 도시들로 연결하는 동시성이 일어나는지를 설명하지 못한다.

데이비드 봄(David Bohm)의 홀로그램 움직임(holomovement), 융의 집단 무의식, 다양한 문화에 나타나 있는 인류기원 신화 그리고 현대 양자물리학과 같은, 글로벌 드림바디의 개념은 우리 스스로에 대한 작업이 우리가 이전에 깨달은 것보다 더 심각한 일이라는 것을 의미한다. 비록 작은 일부라도, 우리 자신을 변화시키는 것은 이론적으로 전 세계를 변화시키는 것이다. 이는 도교(道敎)에서 항상 주장했던 것이다. 우리가 우리 자신에 대해, 내담자의 개인적인 문제 또는 가족의 어려움에 대해 작업할 때, 우리는 개인적인 방식으로 세계 정치를 하고 있는 것이다. 반대로, 우리가 가지고 있는 개인적 신체 문제와 관계의 어려움은, 농부의 그것처럼, 우리가 살고 있는 인류기원 인물의 발달에 의해 영향을 받거나 심지어는 조직된다. 이러한 인류는 실제로 우리의 외부가 아니다. 그것은 우리 심리학의 부분이다. 세계는 우리를 위한 채널이며, 꿈속의 인물이며, 우리 개인 이야기의 일부이며, 우리 자신의 표현이기도 하다. 우리가 세계를 단지 운명의 방해자로서 경험하는 한, 우리는 우리 자신을 변화시킴을 통해 그것을 구원할 필요가 있는 세계에 대한 감정을 결코 가지지 못할 것이다.

그러므로 우리의 개별화 과정에서 다음의 중요한 단계는, 우리도 또한 그 발전의 일부분이라는 것을 깨달음으로써, 마치 지구가 우리의 일부인 것처럼 지구를 발견하고, 느끼고, 보고, 듣고, 그리고 연관시키는 것이다. 20세기 후반의 사람이 된다는 것은, 우리가 개인적이며 동시에 지구 행성적 발달을 가지고 있다는 것을 알아차리는 것을 의미한다. 이러한 개인적 발달의 두 측면은 상호 협력적으로 움직인다. 인류의 지구 행성적 목표는 우리의 자기중심주의를 상대화하고 자아의 목표는 우리 모두에게 지구의 뿌리, 즉 세계의 불같이 타오르는 영성을 느끼게 하는 것이다.

개별화 그리고 글로벌 드림바디

인도에서는, 아트만(Atman)이나 인류기원 인물로서 자신을 경험하는 것은 모든 인간을 위한 오랜 목표였었다. 우리에게 이것은 우리 자신들이 신문에서 읽었던 갈등과 문제를 경험한다는 것을 의미한다. 사람들이 마치 자신들에 관해 읽는 것처럼 신문을 읽는다면 세계가 어떻게 될 것인가 상상해 보자. 그들이 수천 명의 사람을 중독시킬 수 있는 치명적인 가스 누출에 대해 읽는다면, 그들은 또한 자신의 흡연 습관에 대해 관심을 가져야 할 것이다. 그들이 사람들을 불법 감금하는 독재자로 인해 흥분한다면, 실제 독재자를 어떻게 대해야 하는지뿐만 아니라 그들이 자신과 타인에게 어떻게 하고 있는지도 알아야만 할 것이다.

국소적 및 글로벌 개입

개인의 신체 문제에 대해 작업을 할 때, 우리는 두 가지 관점, 즉 국소적 관점 및 글로벌 관점이 필요하다. 예를 들어, 만일 누가 악성 비듬으로 고생한다면, 그의 신체 알아차림은 증가될 것이다. 그 사람은 비듬 문제에 대한 국소적 해결 방법을 찾으려고 할 것이다. 새로운 샴푸를 살 것이고, 두피 마사지를 받고 머리를 더 청결하게 감을 것이다.

대부분의 정신신체적 문제는 그것들이 또한 글로벌 접근을 요구하기 때문에 국소적 처치만으로는 사라지지 않는다. 드림바디 작업에서, 과정지향 작업자는 내담자에게 국소적 처치를 계속하면서, 또한 동시에 가려운 두피에 대한 좀 더 글로벌한 해결 방법을 찾는 법을 배우라고 말해야만 한다. 그 사람이 그걸 어떻게 경험할 수 있을까? 만일 가려움의 고유감각적 경험이 두드리기와 또 다른 공격적인 표현으로 이끈다면, 그때는 그 개인을 위한 글로벌 처치는 수동적인 태도를 좀 더 공격적인 태도로 변화시키는 것을 포함할 것이다. 국소적 처지는 그저 샴푸를 바꾸는 것 정도다.

세계와 함께하는 글로벌 드림바디 작업

국소적 개입과 글로벌 개입의 이론이 어떻게 현재 우리의 매우 실제적 세계 상황에 적용할 것인가? 우리는 어떻게 그것을 인구 과밀, 극도의 빈곤, 질병, 에너지 부족, 환경오염 같은 문제에 적용할 수 있을까? 이러한 질문은 분명히 너무 중대한 것이라서 여기에서 자세히 다룰 수 없지만, 완벽을 기하기 위해서 그것들은 언급되어야만 한다.

지구를 위한 국소적 드림바디 작업에는 인구 과밀의 저지, 식량과 부(富)의 균등 분배, 의학 연구의 증가를 위한 시도를 포함하고, 원자력, 원유 그리고 다른 에너지 자원의 총체적인 알아차림을 촉진시키는 시도를 포함한다. 글로벌 개입은 전체 지구 행성 심리학의 과정을 요구한다.

글로벌 드림바디 작업은, 우리의 행동이 우리 주위의 전체 공동체에 영향을 주기 때문에, 개인으로서 우리 각각이 어느 주어진 순간에 완벽한 자신이 될 것을 요구한다. 자신의 이중신호를 드러내는 한 개인은 전체 도시를 변화시킬 수 있다. 이것은 내가 대도시를 위한 작업 중에 최근 겪었던 사례에서 볼 수 있다.

도시의 변화

그 도시가 내게 맡긴 임무에는 도시가 고통을 겪고 있는 만연된 헤로인 중독에 대해 작업하는 것이었다. 시(市) 공무원 사이의 논의는 구성원들이 절망적이 되었기 때문에 교착 상태에 빠져 있었다. 모든 사람들이 이 긴급한 문제를 다루기 위해 부단히 노력을 해 보았지만, 프로젝트의 복잡성 때문에 실패만 거듭하고 있었다.

더구나 그 도시 위원회에 속한 한 구성원의 고약한 성질은 전체의 분위기를 엉망으로 만들었다. 그 사람은 회의에서 염세적으로 투덜거리며 한쪽 구석에 앉아 있었다. 회의가 어떠한 결정도 하지 못하는 것을 보고, 나는 그 사람에게 그의 2차 투덜거림을 끄집어내라고 부추겼다. 당연히 그 사람은 그런 것(2차 투덜거림)은 없다고 주장했다. 그러나 독려를 약간 하자, 그는 나뿐만 아니라 세계의 모든 심리학자들에 대해 분노를 나타내기 시작했다. 그 사람은 말했다. "당신들은 이 도시가 직면한 진짜 문제를 모르는데 어떻게 당신들이 도움이 된다고 주장할 수가 있습니까? 당신 심리학자들은 그저 멍청이일 뿐이오!"

그의 공격은 내게 상처를 주었고 그 상황 개관을 유지하려는 나의 능력을 잃게 하였다. 나의 자부심은 손상되었으나, 그렇다고 그 사람이 말한 것 중에 약간의 진실이 있었다는 것을 인정하는 것은 아니었다. 단지 그는 이 도시의 정책에 대해 나보다 더 많이 알고 있을 뿐이었다. 운이 좋게도 나의 동료 한 사람이 그의 공격에 의해 많이 상처 받은 것처럼 행동했다. 그렇게 함으로써 그녀는 상처받은 부분을 들추어내었고, 내가 이 사람의 2차 과정이 변화했음을 깨닫기에 충분하도록 나의 다친 감정으로부터 나를 구해 주었다. 그전에 그는 단순히 화를 내고 있었다. 그러나 지금 그는 이 집단의 지도자가 되기 위해 2차적으로 요청하고 있는 것이었다. 나는 그 사람이 그렇게 하도록 격려하면서 말했다. "소심한 것을 두려워하지 말아요. 그리고 우리의 회의를 이끌어, 무엇을 해야 하는지 말하십시오. 회의의 사회를 보세요!" 그는 즉시 우리들에게 진정 필요한 것이 헤로인에 대해 더 아는 것이며, 헤로인이 중독자와 도시에게 끼친 영향이 왜 발생했는지에 대해 더 아는 것이라고 말했다. 그는 용감하게 그리고 적극적으로 '감정이 아니라 사실'을 요청했다.

그래서 나는 집단에게 만성 헤로인 중독에 대한 나의 경험을 이야기하기 시작했다. 나는 마약 문제가 다른 문화권, 특히 모택동 주석(主席)이 있는 중국에서 어떻게 다루어졌는지 설명했다. 모든 사람들이 이 주제에 매료되었고 이전에 있던 절망은, 왜 어떤 방법이 민주 국가에서 효과가 없는지에 대해 활기차고 의욕적으로 토론하는 것으로 변화하였다. 그 회의는 헤로인 문제를 변화시켜야 할 도시의 필연적인 증상으로 이해하기 위한 현실적인 대안들을 제시하면서 마무리되었다.

과정이 적절히 진행되었을 때, 이 사람의 나쁜 성질은 절망적이었을 회의에서 변환 요소로 작동하였다. 한 사람의 부정적 성향에 대한 작업과 그것을 큰 집단에서 드러냈던 것은 전체 도시에서 태도의 변화를 이끌었다.

헤로인 중독, 마약 퇴치 교육과 의학적, 치료적 접근에 대한 일반적인 국소적 해결 방법은 이 사례에서 알아차림에 있어서 글로벌한 도시 범주의 변화에 의해 증폭되었다. 그리고 이러한 알아차림은 정부 회의에서 좌절한 한 구성원의 나쁜 성질을 처리함으로써 동기화되었다.

세계 대전?

이 사례는 근접한 영역에서 개인들과의 작업이 어떻게 도시에서 글로벌 효과를 만들어 낼 수 있는지를 보여 준다. 그러나 똑같은 과정이 세계 대전과 같은 민감하고 심각한 문제를 다루는 데 있어서도 같은 효과를 발생시킬 수 있을까? 원칙적으로 가능하다. 하지만 나는 실제적으로는 그렇게 생각하지 않는다. 왜냐하면 세계는 도시보다 훨씬 더 광범위하기 때문이다. 주변 환경에 대한 한 개인의 영향은, 도시보다 세계에서 글로벌 해결 방법을 창조하는 데 더 오래 걸린다. 그렇게 하기 위해서는 세계적 변화를 선동하는 것을 돕기 위해 자신들의 관계 과정을 깨닫고 있는 상당히 많은 개인들이 필요할 것이다.

오늘날, 어느 곳에서든 두 국가가 분쟁에 빠지면, 우리 모두는 제3차 세계 대전의 발발에 직면하는 우리 자신을 발견한다. 당연히, 국소적 해결 방법과 즉각적인 분쟁 해결 방법이 이전 어느 때보다 더 중요하다. 누군가는 인류의 갈등적인 부분, 그것의 국소적 분쟁을 다루어 전투원의 무장해제 그리고 그들의 핵무기 사용 방지를 이루어야만 할 것이다. 그러나 만일 우리가, 작은 분쟁이 격렬한 세계적 열기로 발전하는 것을 방지하기 위해 국제연합(UN)과 같은 국소적 문제 해결사 또는 국소적 정치에만 의존한다면, 신(神)이 우리를 도와야 할 것이다.

우리 모두는 이미 이 지구의 구성원이기에, 우리가 좋아하든 아니든 정치가다. 따라서 우리 모두는 비참한 세계 대전의 위협을 더 큰 이해와 관계로 변화시키기 위해서 세계적 분쟁을 처리할 책임이 있다. 분명히 우리는 세계 대전에 대한 우리의 국소적 처리 방법을 개선해야만 할 것이지만, 또한 글로벌 치료 방법을 창조해야 할 필요도 있을 것이다.

글로벌 치료의 요인

우리가 살고 있는 지구의 인류기원 인물은 내부 갈등을 처리하는 것을 배워야 한다. 이것은 우리 중 대다수가 우리의 친척, 우편 배달원, 정육업자 그리고 경찰과 가지고 있는 갈등에 참여하고 그것들을 처리할 용기를 발달시켜야 한다는 것을 의미한다.

그러나 용기는 이기고 지는 것만을 초래하기 때문에 용기만으로는 결코 충분하지 않다. 이제는 우리가 알고 있듯이, 어느 누구도 관계를 다치게 하지 않고는 관계에서 이길 수 없다. 우리는 용기보다 뭔가가 더 필요하다. 전쟁에 대한 글로벌 처치는 우리 각자가 새로운 종류의 전쟁, 이기기 위해서뿐만 아니라 자신과 상대방을 이해하기 위해서라도 싸워야 할 전쟁에 개입할 것을 요구할 것이다. 나는 유혈(流血)이 없는 전쟁, 전체의 삶에서 필요한 각각의 존재를 알아차리는 집단 사이의 상호작용을 생각하고 있다. 각 집단은 삶의 필수요소로서 상대방에 대한 기본적 알아차림을, 그리고 두려움과 존경을 요구하는 피할 수 없는 과정으로서 그들의 갈등에 대한 기본적 알아차림을 가져야만 한다.

용기, 알아차림, 두려움 그리고 존경이 필수적이라고 해도 이러한 글로벌 갈등을 처리하는 데는 여전히 불충분하다. 관계에서 행동에 대한 정확한 지식이 필요하다. 그러나 지식이라는 주제에 관해서는, 단지 그 연구의 시작에 있다. 우리는 이중신호를 알아차리는 것이 얼마나 중요한지 알고 있으며, 그들의 신비한 신호를 세속적인 개념으로 해석할 때 자주 완곡한 방법을 사용한다. 많은 전쟁들이 신호의 오해와 오역에 의해 발생했음을 기억하라. 우리 자신이 신호와 타인의 신호를 명백하게 하는 것을 배우는 것은 많은 갈등을 원만한 관계로 바꾸어 줄 것이다.

비극적이고 심각한 불화

그러나 신호의 정확한 해석조차도, 특히 당신이나 당신의 적이 서로의 행동에 대해 눈이 멀고 귀가 먹은 상황에서는, 때로 충분하지 못할 수 있다. 명백하고 정확한 의사소통을 기본으로 한 프로그램은, 실제로 한 파트너가 무의식적인 상태로 다른 파트너가 무엇을 하는지 알아차리지 못할 경우에는 관계에서 중요한 문제를 야기할 수 있기 때문에, 관계에서의 갈등 해결에 만병통치약이 될 수 없다. 하지만 무의식도 과정이며 하나의 역할을 하고 있다는 것을 기억하라. 무의식은 그 주위 세계의 체험적 현실에 공개되는 것으로부터 개인을 보호하며, 그로 하여금 내면에 남아 있어 무의식적 신념과 신화를 과정화하도록 허용한다.

이것은 도리어 상대방이 침략자라고 주장하는 적들에게도 종종 실재다. 비록 당신이 그것을 부정하거나 부분적으로 사실이라고 수용한다 해도 누군가가 당신을 끔찍한 공격자로 계속해서 비난한다면 당신은 무엇을 할 수 있을까?

당신이 공격을 인정한다면, 그러면 당신은 당신의 불일치에 대해 적극적으로 작업할 수 있다. 그렇지만 당신이 공격적이라고 느끼지 않는다면, 당신은 곧 꿈을 꾸게 되고, 화가 나게 되고, 공격적으로 행동하면서 싸우는 자신을 보게 될 것이다. 이를 통하여 상대방은 자신의 비난을 정당화할 것이다. 만일 이러한 종류의 상호작용이 여러 번 발생한다면 그것은 관계에서 비극적인 불화를 초래할 것이다. 지구적 수준에서, 그것은 세계 대전을 일으킬 수도 있다.

무의식의 기능

그러한 심각한 경우에서, 우리는 이런 어려운 개인적, 집단적 행동을 다루는 데 있어서 어떠한 선택권을 가지고 있는가? 당신이 당신의 신호를 주의 깊게 검토한 후에도, 만일 당신의 적이 여전히 당신을 믿지 않는다면, 당신은 그가 투사하고 있다는 가능성을 고려해야만 할 것이다. 그러나 조심하라! 누군가에게 그 자신이 투사하고 있다거나 당신을 꿈꾸기 하고 있다고 말하는 것은 보통 별로 도움이 되지 않는데, 그러한 상상의 개념은 실제로 상대방의 실재를 비판하고 회피하는 것을 의미하기 때문이다.

당신 상대방의 우세한 무의식에는 중요한 역할이 있을 수도 있다는 것을 기억하라. 그 역할 중 하나는 당신 자신이 상대방의 투사가 아닌 당신 자신의 감정을 믿어야 한다는 것이다. 그러고 이제 당신은 자신의 동기를 조사하는 것이 중요하다. 당신은 단지 이기는 데만 관심이 있는가? 만일 그렇지 않다면, 당신은 상대방의 투사를 지지해야 할 가능성도 고려해야 할지 모른다. 당신 자신이 그가 들어가 있는 무의식 과정을 완성하도록 돕기 위해 상대방에 의하여 꿈꾸어지는 것을 의식적으로 허용하는 것이 필수적이다. 이것은 그야말로, 동시에 모두를 위한 전체 과정의 외면적 개관을 유지하는 동안, 그의 투사에 의한 공격적인 모습과 같이 당신이 의식적으로 행동하는 것을 의미한다.

무의식의 한가운데 붙잡혀 있는 집단에 대해, 나는 단지 한 가지만을 권유한다. 적어도 아직은, 당신 파트너를 믿지 마라. 당신의 경험과 당신의 지각력만을 믿어라. 비록 그것들이 당신과 세상에서 많은 고통을 만들기는 하지만, 그것은 문명의 시작 이래 광명을 찾고 있었던 핵심 갈등이다. 존중하면서 과정화되면, 이러한 갈등과 그것의 무의식은 당신에게 자신의 미지의 부분에 대해 가르쳐 줄 뿐만 아니라 또한 당신 주위의 세계가 일반적인 관계 갈등에 대해 깨닫도록 해 줄 것이다. 이러한 깨달음이 없다면, 당신은 당신을 둘러싸고 있는 사람들과의 사이에서 전쟁과 공격을 계속해서 찾을 것이다.

우리들 중의 많은 사람이 이러한 경험에 대해 배웠을 때, 우리는 세계 대전에 대한 글로벌 처치를 시작하는 우리 자신을 발견할 것이다. 그러한 알아차림은 세계적 프로젝트다. 지구로서 우리의 진화는 우리의 알아차림에서 글로벌한 발전의 형태에 달려 있는 것이다. 민감한 세계적 갈등에 대한 국소적이며 일시적인 해결 방법을 포함하여 단순한 정치적 변화는 단지 위기를 연기시킬 뿐이다. 이러한 피상적인 변화는 전 인류의 환경 변화라는 글로벌한 변화에는 결코 도달할 수 없다. 일시적이고 국소적인 해결 방법은 단지 갈등을 묻어버리도록 강요하는 것뿐이며, 따라서 그것은 예측할 수 없는 방법으로 새롭게 다시 나타날 것이다.

의문은 계속 남아 있다. 이 책에서 추천한 일종의 과정지향적인 알아차림은 세계 대전에 대한 글로벌한 해결 방법을 만들기에 충분할 만큼 많은 개인들에게 가능할 것인가? 우리 지구의 미래 진화만이 이 의문에 대해 대답할 것이다. 나는 우리에게 다른 선택권이 없기 때문에 그 대답은 '그렇다' 일 것이라고 개인적으로 생각한다. 우리는 이제 더 이상 우리가 오로지 사랑과 평화를 위한 존재인 척할 수가 없다. 우리는 우리가 지구를 파괴하지 않고도 지구 방어에서 더 강력해질 수 있다는 것을 계속해서 믿을 수가 없다.

영적 전사

따라서 우리 각자는 자기 인식의 경로로 출발해야만 하고, 지금까지 단지 꿈꾸어 왔었던 완성의 단계, 고도로 발달된 알아차림의 단계에 도달해야만 한다. 내가 지적하고 있는 일종의 개인적, 집단적 알아차림은 그 자체에 영적인 본질을 가지고 있다. 그것은 갈등의 과정을 부정하는 데 기반을 둔 평화운동도 아니고, 평범한 증오에 의해 움직이는 일반적인 도전적 운동도 아니지만, 우리의 삶이 만드는 열렬한 글로벌 영성을 섬기는 영적 전사(spiritual warrior)의 불길 같은 경로인 것이다.

CHAPTER

13

마무리

CHAPTER

13 마무리

이 책이 주로 관계에 중심을 두고 있기 때문에, 당연한 결론은 독자들로부터의 비평과 피드백을 받는 것이다. 따라서 다음의 질문들과 비평들은 독자들이 질문할 것이라고 추정되는 내용들이다. 나에게도 완벽한 답변은 없다. 하지만 이 마지막 장에서는 이 책에서 이해하기 어려웠던 점들과 몇몇 측면을 요약 정리하고, 비록 명확한 답변은 없지만, 그럼에도 불구하고 이러한 연구가 앞으로 더 연구되어야 하는 심리학 분야로의 발전 가능성을 열어 두고자 한다. 여기에서 제시되지 않은 질문을 가진 독자들은 나에게 직접적으로 편지를 보내길 바란다. 이 책의 개정판에서 그러한 질문들을 포함시킬 것이다.

질문 1: 나는 책을 다 읽었지만 여전히 관계에서의 갈등이 두렵다는 것을 인정해야만 한다. 나는 쌓인 감정이 두렵고 그러한 감정에 직접적으로 접근하는 것이 겁난다. 이러한 관계에서의 갈등은 위험할 수 있는가?

대답: 수년 동안 무시되고 쌓인 관계에서의 갈등은 아주 극적이라 할 수 있겠다. 나는 사람들이 꼭 해야만 한다고 느끼지 않는 한 관계에 대한 작업을 결코 추천하지 않는다. 만약 커플 중 한 사람이 상담 오는 것을 거절한다면, 나는 이것 역시 지지한다. 종종 사람들을 나누는 커다란 경계는, 누군가는 감정에 가까워지는 것이 자신을 미치게 할 것이라고 두려워하기 때문에 발생한다. 과정지향 상담에 대해 훈련받지 못한 가족상담자는 내담자들이 준비가 되기 전에 그들의 경계 너머로 사람들을 밀어붙일 수도 있다. 그러나 과정지향 상담자는 감정, 직면, 개방, 분리 또는 어떤 프로그램도 강요하지 않는다. 잘 훈련을 받은 과정지향 상담자는 자연적인 방법을 따른다. 따라서 사람들이 위축되거나 겁이 나서 물러설 때, 상담자는 그들의 내향성과 안전에 대한 욕구를 지지한다. 그들이 서로 부딪힐 때, 상담자는 직면하기를 격려한다. 그러나 누군가가 물러서서 개별적인 도움과 지원을 요청할 때도 상담자는 역시 지원해 준다. 이러한 방법을 통하여 위험한 상황을 동반하는 정신질환자와의 상담에서도 유용한 과정지향 상담으로 변화시킬 수 있다.

반면에, 나는 사람들에게 만성적인 신체 문제, 말기 질환 또는 주기적인 병세가 있을 때는 과감하게 위험과 공포를 무릅쓰라고 조언한다. 이러한 감정적 위험을 감수하는 상황은 과정지향 상담을 통하여 종종 정신질환적 불균형 및 만성 질병을 명확하게 하고 감소시켜 준다.

나는 세미나에서 천식으로 고생하던 한 여자가 남자와 함께 그녀의 상처받은 감정에 대해 작업했던 것을 기억한다. 그녀는 긴 시간을 통하여 작업을 하였고, 마침내 그녀의 감정에 반하는 자신의 경계를 극복하였고, 그리고 함께 작업하였던 남자에게 더 많은 관심을 간청하였다. 그는 거절했고 그녀를 흉내 내면서 도리어 그녀를 더 화나게 하였다. 그녀의 천식이 갑자기 다시 시작되었고 그녀는 자신의 욕구가 진심이라고 말하며, 그 요구가 받아들여지지 않는다면 그녀는 거의 죽을 수도 있다고 말하자 천식이 가라앉았다. 이를 통하여 그녀는 자신의 만성적 신체 증상의 의미를 보았다. 그녀 자신은 욕구들을 평가하는 대신에 끊임없이 지니고 있음으로써 자신을 억누르고 있었던 것이다. 그녀는 자신의 욕구들과 감정들에 대하여 죄책감을 느낌으로써 스스로를 죽이고 있었던 것이다.

질문 2: 관계 문제들은 상담자들에게도 역시 어렵다. 커플들의 긴장의 한가운데에서 갈등과 비난을 들으면서 모든 고통을 지켜보는 것은 거의 불가능한 일이다.

대답: 관계 작업은 모든 상담자들이 할 수 있는 것은 아니다. 그럼에도 불구하고, 상담자가 그러한 작업에 관해 알고 있다는 것은 좋은 일이며, 상담자 또한 어떠한 장벽과 경계를 가지고 있다는 것을 깨닫는 것도 유용하다. 사실, 상담자가 자신의 약점, 자신의 장벽, 자신의 경계와 대면하는 것은 매우 중요하다. 그렇지 않으면, 그는 자신의 한계 때문에 내담자의 관계 문제, 만성적 신체 문제 그리고

정신질환 분야를 제거하는 것을 부주의하게 방해할 수도 있다. 종종 상담자는 불충분한 이론들과 쓸데없는 논쟁으로 감정과 갈등에 대한 자신의 두려움을 덮어 버린다.

질문 3: 나는 관계에 대한 과정지향 상담이 조화, 평화 그리고 행복을 선호하는 오랫동안의 문화적 규칙을 깨뜨릴 수도 있다는 기본적인 신념을 가지고 있다. 갈등을 해결하고 고통을 피할 수 있는 다른 방법은 없는가?

대답: 2차 현상을 과정지향으로 작업하는 것이 당신에게 문화적 경계를 넘게 해 준다는 것은 의심할 여지가 없다. 내가 이미 언급한 것과 같이, 문화적 패턴이 그렇게 하도록 강요당하지 않는 한, 문화적 패턴을 깨뜨리도록 사람들을 격려하지 않는다. 비록 몇몇 규칙은 깨져야 하지만, 그것은 의식적으로 그리고 커다란 알아차림과 함께 깨어져야만 한다.

나 또한 감정의 혼란을 싫어한다. 내가 관련된 고통과 혼란을 무릅쓰면서도 말할 수 있는 유일한 것은, 만일 당신이 관련된 고통과 혼란을 암 및 다발성 경화증과 같이 진행이 느린 말기 질환과 비교한다면, 관계 작업의 2, 3시간 정도는 그야말로 천국과 같이 보일 것이다. 한편으로는, 정말로 아픈 사람에게는 때때로 그의 파트너가 어떤 약 또는 상담자보다도 더 강력한 약이 될 수 있기 때문에 커다란 관계 문제를 가지고 있는 것이 운이 좋은 것이라고도 할 수 있다.

질문 4: 경계의 반대편에서 가장 자주 발견되는 설명들은 무엇인가?

대답: 한 사람이 경계를 넘을 때 표면에서 나타나는 가장 흔한 억제된 감정과 설명들은 다음과 같다. "만약 당신이 나를 사랑하지 않는다면, 나는 죽어 버릴 것이다." "당신은 내가 약하다는 것을 인정하기 전에 나를 죽여야만 할 것이다." "나는 당신이 죽길 바란다." "나는 당신이 필요하다." "나는 집단의 지지 없이는 살 수 없다." "나는 어느 누구도 필요하지 않기를 바라지만, 그러나 나는 필요하다." "나는 어느 누구도 다치게 하지 않겠다고 스스로에게 약속했지만, 몰래 사람들을 싫어한다." "마음속으로 나는 여전히 어린아이다." "나는 가족생활을 싫어한다."

질문 5: 나는 상담자가 아닌 보통의 사람인데, 나 혼자 관계 문제를 작업할 수 있는 방법을 알고 싶다.

대답: 어느 누구라도 관계를 방해하는 자신의 경계를 발견할 수 있다. 단지 당신 자신에게, 어떤 사람, 당신의 적, 당신 파트너의 근처에서 무엇을 할 수 없는가를 물어라. 당신이 울 수 없다거나, 또는 부정적일 수 없다고 말해 보자. 당신은 이런 것들을 연습할 필요가 있다. 스스로를 또는 다른 사람에게 과정지향 작업하는 것을 배우는 것은 연습과 훈련에 달려 있는 것이다. 당신은 감정을 드러내도록 연습할 수도 있고, 사소한 방법에서도 부정적이 될 수 있도록 스스로를 훈련시킬 수도 있다.

스스로에 대해 작업하는 것의 다음 단계는 알아차림이며, 이것을 하는 것은 또한 훈련에 달려 있다. 당신이 관계를 지배하는 유일한 규칙이 당신의 신체, 당신의 직관, 당신 자신의 꿈이라는 것을 깨단

기까지 오랜 시간이 걸린다. 어느 누구도 당신 자신의 과정보다 당신에게 더 좋거나 더 신뢰할 수 있는 지도자가 될 수 없다. 따라서 만일 당신이 이 세상에서 독립적인 사람으로서 역할을 하기 원한다면, 당신 자신의 신체에게 묻고, 다른 사람들과 함께하는 정보에 대한 당신 자신의 이중신호들을 지켜봐라. 그러나 조심해야 한다. 만일 당신이 성격적으로 강하다면, 당신은 약점에 대한 당신의 신호들을 놓칠 것이다. 만일 당신이 약해지는 것과 동일시되면, 당신은 당신의 주먹을 꽉 쥐고 있는 것을 알아차리지 못할 것이다.

과정지향 작업의 마지막 단계는 운명에 달려 있다. 그것은 전사가 되는 것이다. 당신이 갈등을 가지는 것에 대한 용기가 부족하다면, 당신은 관계를 성장과 지식의 문제라고 생각해야만 한다. 당신의 알아차림은 당신을 변화시킬 것이고 또한 당신의 파트너를 성장시키고 변화시키는 것을 도울 것이다. 갈등은 자기 인식의 시작이다. 관계는 당신에게 당신의 귀중한 정체성을 요구할 뿐만 아니라 당신의 실제 개체성의 더 큰 그림을 가져오게 할지도 모른다. 따라서 당신의 에너지와 용기가 함께 올 때까지 기다리고, 그리고 전사가 전쟁터에 나가는 것처럼 지식에게로 가라.

당신이 당신 스스로의 경계, 당신의 알아차림, 그리고 당신의 용기에 관해 작업한 후에야, 당신은 당신의 파트너를 마주할 준비가 된 것이다. 당신의 파트너가 같은 것을 할 수 있게 도와주고, 그에게 당신에 대한 그의 경계를 묻고, 그것들을 듣고, 그리고 당신들 사이에서 발생하는 의사소통 신호를 찾아라.

질문 6: 파트너가 없어도 관계 문제에 대해 작업하는 것이 가능한가?

대답: 물론이다. 나의 경험적 관찰에 의하면, 사랑하는 사람에게 발생하는 문제들이 다른 사람에게서도 또한 나타난다. 당신 내담자의 파트너가 상담자에게 오려고 하지 않는 경우에, 당신이 내담자와 가지고 있는 어떠한 문제는 그가 자신의 파트너와 가지고 있는 문제를 반영할 수도 있다는 것을 명심해야 한다. 만약 당신이 운 좋게 당신의 내담자와 관계 갈등을 다룰 수 있다면, 당신은 그의 모든 관계들을 도와줄 수 있을 것이다. 관계는 종종 사람들을 살아가게 하기 위한 것을 찾는 과정인 것처럼 보인다.

나는 세미나에서 놀랐던 사례 하나를 기억한다. 한 여성이, 수년 동안 그녀를 만나는 것을 거절해 왔으며 세미나에 참석하지도 않은 어떤 남자와의 문제에 대해 작업을 했었다. 그녀는 세미나에 참석한 남자들 중에 한 사람을 그녀와 갈등이 있는 것처럼 행동하도록 선택했다. 그러나 그녀가 너무나 격렬해져서 남자는 두려워했고 그녀에게 싸우는 것을 멈추고 이야기하자고 요청했다. 그녀의 신체적 행동은 너무 공격적이었기 때문에, 또한 역할극은 단지 연기(演技)이지 실제가 아니기 때문에, 그와 함께 작업할 수 없었다. 보다 실제적이 되기 위해, 그녀는 비록 작은 것이지만 실제로 그녀와 갈등이 있는 세미나에 참석한 또 다른 남자를 선택했다. 이번에도 역시 그녀는 신체적으로나 감정적으로 너무나 공격적이 되었다. 그녀는 빠르게 자신의 파트너를 경계까지 몰아갔다. 그는 시각 및 언어 지향적이었고 모든 것들을 연기하기를 좋아했다. 그녀는 정말로 그를 너무 밀어붙여서 그는 마침내 그녀가 움직이는 것을 멈추고 이야기를 시작하도록 물리적으로 강요하였다. 물론 이것은 단지 그녀가 배워야 하는 그녀의 경계였다. 결국 그녀의 감정들은 그의 냉정함을 깨뜨리고 그가 자신이 익숙한 것보다 더 많은 감정을 표현하도록 강요했다.

여기에서 중요한 내용은 이 여성을 둘러싼 과정이 그녀와의 사이에 문제를 가지고 있는 사람들과는 별개라는 것이다. 비록 문제는 모든 경우에서 다르지만, 어려움에 대해 말해야만 하는 과정은 같았다.

질문 7: 이전의 질문에서, 당신은 상담자와의 갈등을 통해 참석하지 않은 파트너에 대해 관계 작업할 수 있다고 언급하였다. 당신은 언제 내담자가 당신과의 관계 채널에 있는지 어떻게 말할 수 있는가?

대답: 내담자가 참석하지 않은 제삼자에 대해 끊임없이 이야기할 때, 당신은 그가 관계 채널에 있다는 것을 안다. 그가 꿈속의 인물 간의 대화에 대해 꿈꿀 때, 당신은 그가 이러한 상호작용에 대해 더 배우기 위해, 당신 및 다른 사람과의 갈등을 불러올 것이라고 확신할 수 있다. 그가 당신과 사랑에 빠지고, 당신을 미워하고, 당신을 비판하고, 당신을 의심하거나 당신에 대해 이야기를 한 제삼자를 불러올 때, 이러한 것들은 모두 그가 당신과 무의식적인 갈등을 가지고 있을 때인 것이다. 당신 자신이 더 이상 집중할 수 없을 때, 당신이 당신의 가면을 벗어 버릴 만큼 강한 감정을 가질 때, 당신이 스스로를 방어하고, 비난을 부정하거나 또는 당신이 내담자에 대해 꿈꾸기 시작할 때, 그때는 둘 다 관계 채널에 있다.

상담자 또한 관계 채널에 있을 때, 그는 더 이상 상담자로서 활동할 수 없다. 이제 그는 상황에 대한 그의 통제, 그의 1차 과정, 그리고 그의 상담 프로그램을 포기해야만 한다. 이것은 그가 지금 장(場)

의 부분이며, 그는 자신의 알아차림의 일부를 잃고 있다는 것을 의미한다. 그는, 자신의 이중신호에 대해 얼마나 많은 지식을 가지고 있는지, 내담자의 비난에 대해 인정을 해야만 하는 용기와 힘을 얼마나 가지고 있는지, 그리고 자신의 꿈에 대해 얼마나 많은 통찰을 가지고 있는지에 따라서 수영해서 살아남거나 익사할 수 있다.

상담자는 그가 관계 채널 안에 있을 때 자신의 경계를 넘을 수 있고, 이러한 능력이 또한 내담자도 경계를 넘을 수 있도록 격려할 수 있다는 것을 알아야 한다. 어떤 상담자들이 결코 자신의 내담자를 너무 빠르게 성장하도록 격려하지 않는 이유 중의 하나는 내담자의 성장이 상담자를 경계 너머로 밀어붙이기 때문이다. 어느 상담자도 자신의 경계를 좋아하지 않으며, 따라서 만일 그가 조심하지 않는다면 그는 현상을 유지시키기 위해 내담자를 발전되지 않은 상태로 안전하게 유지시킴으로써 내담자의 성장을 방해할 수 있다.

상담자와 내담자가 사이좋게 함께하는 한, 그들의 관계 채널은 강하게 채워지지 않고 다른 논쟁점들이 앞에 나타난다. 최악의 문제들은 상담자가 내담자로부터 부정적인 피드백을 받거나 상담자가 내담자를 싫어하기 시작할 때 시작된다. 내담자는 이것을 느끼고 불평한다. 이 시점에서 상담자는 종종 내담자가 신경과민이거나, 어린 시절의 부정적인 부모의 이미지를 투사하고 있다고 주장하면서 자신을 방어한다. 상담자는 내담자가 죄책감을 느끼도록, 그리고 그를 상담에서 떠날 수 없도록 상담 환경을 만드는 마술을 주문한다. 또 다른 선택으로, 자신의 경계 주변에서 배회하는 상담자는 내담자에게 상담을 그만두고, 그의 관계 갈등을 풀기 위하여 세상으로 다시 들어가라고 권고할 수도 있다.

만약 상담자가 운이 좋다면, 내담자는 알아차림과 변화가 나타날 때까지 충분히 오랜 기간 동안 그 상담자와 함께 머무를 것이며, 작업하지 않았던 관계들 속에 은밀하게 진행되었던 절망감은 희망적이고 따뜻한 우정으로 변환되기도 한다.

질문 8: 우주적 드림바디의 정신은 오늘날 개인적 관계에 어떠한 영향을 미치는가?

대답: 이 질문에 대한 대답은 나에게 너무 방대하다. 단지 내가 말해 줄 수 있는 것은 우리의 지구 행성 문제는 우리의 개인적 생활에 강력하게 영향을 미친다는 것이다. 오늘날 우주적 드림바디의 가장 특징적인 부분 중의 하나는 세계 대전에 대한 총체적인 관심과 두려움이다. 이러한 감정은 우리의 모든 관계의 핵심을 다룬다.

세계의 긴장 증가때문에, 관계 긴장을 과정지향 작업을 통하여 이겨 내려고 하는 개인들이 점점 더 많이 늘어 가는 것처럼 보인다. 핵전쟁에 대한 두려움은 개인의 생활에서 이전에는 불가능한 경계라고 생각되었던 것을 극복하려는 용기와 같은 패턴의 부분이다. 갈등에 대한 과정지향 작업에 대하여 증가하는 관심과 능력은, 일상생활에서 보통 접근하기 어려운 종교적 신념으로서만 일찍이 나타났던 심오함이, 우리 모두를 연결시키는 관계의 흐름에 대한 거대한 심오함으로 드러냈다. 분노와 질투를 과정지향 작업으로 처리할 수 있는 이 새로운 능력은 더 좋은 세상에 대한 우리의 희망을 증가시키고 결과적으로 세계의 긴장을 감소시키는 데 기여할 것이다. 당신 자신에 대한 관계를 작업함으로써, 당신의 파트너, 경찰, 공무원, 교사,

친구들 그리고 지역 정치인들은 최소한 외국 국가들을 파괴시키는 것에 대한 관심을 줄일 것이다.

내가 이 작업에서 강조해 왔던 관계 과정의 역설 중 하나는 인간 존재의 가장 '기본적인' 충동, 즉 질투, 경쟁 그리고 분노가 만든 갈등들이 과정지향을 통하여 작업된다면, 그것들이 우리가 무한(無限)하다거나 거룩한 사랑이라고 부르는 것에 대한 문(門)이 된다는 것이다. 우리는 갈등에 빠지는 것에 대해 항상 두려워하지만, 다른 사람과의 이러한 사랑과 깊은 연결이, 은밀하게 구석에서 너무나 확고했던 절망감이나 무시 속에서도 나타날 때 정말로 놀라게 된다.

참고문헌

Bateson, Gregory, *Steps to an Ecology of Mind,* Ballantine Books, New York, 1972.

Birdswhistell, Ray, *Kinesics and Context, Essays on Body Motion Communication,* University of Pennsylvania Press, Philadelphia, 1970.

Capra, Fritz, *The Tao of Physics,* Wildwood House, London, 1975.

Capra, Fritz, *The Turning Point: Science, Society and the Rising Culture,* Wildwood House, London, 1982.

Chomsky, Noam, *Language and Mind,* Harcourt Brace Jovanovich, New York, 1968.

von Franz, M. L., *Patterns of Creativity Mirrored in Creation Myths,* Spring, Dallas, 1978.

von Franz, M. L., *Mirrors of the Soul, Projection and Inner Centering,* Northwestern, Evanston, Ⅲ. 1980.

von Franz, M. L., " 'The Inferior Function,' in Jung's Typology," together with J. Hillman, Spring, Dallas.

Gunter, "Die Koepernikanische Revolution in der Psychotherapie: Familiendynamik" (Zeitschrift), 1980.

Gunter, *Social Change, Stress and Mental Health in the Pearl of the Alps,* Springer, New York, 1979.

Haley, J., *Problem Solving Therapy,* Jossey-Bass, San Francisco, 1976.

Jung, C. G., *Complete Works* vols, 2, 15, 16., Routledge & Kegan Paul, London, Princeton, New Jersey, 1982.

Kohut, H., *The Restoration of the Self,* International Universities Press, New York, 1977.

Kohut, H., "The Two Analyses of Mr. Z," *International Journal of Psychoanalysis,* vol. 6., Paris, 1979, p. 3.

Mandances, Cloe, *Strategic Family Therapy,* Jossey-Bass, London, 1981.

Miller, Alice, *The Drama of Gifted Child and the Search for the True Self,* trans. by Ruth Ward, Faber, London, 1983.

Minuchin, Salvador, *Families and Family Therapy*, Harvard University Press, Cambridge, Mass., 1974.

Minuchin, Salvador, *Psychosomatic Families: Anorexia Nervosa in Context,* Harvard University Press, Cambridge, 1978.

Mindell, Arnold, *Dreambody,* Sigo Press, Boston, 1982; Lao Tse Press, Portland, Oregon, 1998.

Mindell, Arnold, *Working with the Dreaming Body,* Routledge & Kegan Paul, London and Boston, 1985; and Portland, Oregon, Lao Tse Press, Ltd. 2002.

Mindell, Arnold, *River's Way*, Routledge & Kegan Paul, London and Boston, 1985.

Schwartz, Nathan, "Archetypal Factors and Underlying Sexual Acting Out in the Transference-countertransference Process," *Chiron,* Spring, 1984.

Wilbur, Ken, ed., *The Holographic Paradigm and Other Paradoxes,* Shambhala, Boulder, 1982.

찾아보기

인명

내용

저자 소개

⊙**아널드 민델**(Arnold Mindell)

아널드 민델 박사는 현존하는 세계적인 석학으로 MIT에서 물리학을 전공하였고, 스위스의 취리히 융 연구소에서 전문 자격과정을 이수하였으며, '과정지향 심리학(Process Oriented Psychology)'의 창시자다. 현재는 'Process Work Center'를 중심으로 미국 오리건 주의 포틀랜드와 세계 각국에 센터를 두고 활동하고 있다.

민델 박사는 혁신적인 꿈의 통합, 바디워크, 융의 분석 치료, 집단 과정, 의식 연구, 초자연치료, 양자 물리학 그리고 크고 작은 집단 갈등 해결 등으로 세계적으로 알려진 인물이다.

저서로는 『드림바디(*Dreambody*)』『무예가로서의 지도자(*The Leader as Martial Artist*)』『불에 앉아 있기(*Sitting in the Fire*)』『양자심리학(*Quantum Mind*)』 등이 있다.

과정지향 심리학 기초과정 시리즈는 1985년부터 1992년 사이에 저술되었다. 여기에는 『꿈꾸는 영혼(*Working with the Dreaming Body*)』『관계치료: 과정지향적 접근(*The Dreambody in Relationship*)』『말 거꾸로 타기(*Riding the Horse Backwards*)』『명상과 심리치료의 만남(*Working on Yourself Alone*)』이 있다. 이 책들은 과정지향 심리학에서의 가장 기본적이고 핵심적인 것이 서술되어 있다.

이외에도 다수의 저서가 있으며 이는 세계 각국 언어로 번역되었고, 현재에도 번역 중에 있다.

역자 소개

⊙ 양명숙

독일 하인리히 하이네 뒤셀도르프 대학교(Heinrich-Heine Dueseldorf Universitaet) 철학박사(심리학 전공)

현 한남대학교 일반대학원 상담학과 교수

한남대학교 사회문화대학원 상담심리학과 교수

한남대학교 아동복지학과 교수

한남대학교 학생상담센터 소장

〈자격증〉

청소년 상담사 1급

한국상담학회 초월영성상담 수련감독급 전문상담사

한국상담학회 집단상담 수련감독급 전문상담사

한국상담학회 부부 · 가족상담 수련감독급 전문상담사

한국상담학회 아동 · 청소년상담 수련감독급 전문상담사

〈이메일: msyang@hnu.kr〉

⊙ 이규환

미국 뉴욕주립대학교(State University of New York at Stony Brook) 이학박사(화학 전공)

미국 플로리다 대학교(University of Florida) 연구원

한국과학기술연구원(KIST) 선임연구원

현 한남대학교 화학과 교수

〈이메일: gyuhlee@hnu.kr〉

아널드 민델의
관계치료: 과정지향적 접근
The Dreambody in Relationship

2011년 6월 10일 1판 1쇄 인쇄
2011년 6월 15일 1판 1쇄 발행

지은이 • Arnold Mindell
옮긴이 • 양명숙 · 이규환
펴낸이 • 김진환
펴낸곳 • (주) 학지사
121-837 서울시 마포구 서교동 352-29 마인드월드빌딩 5층
대표전화 • 02-330-5114 팩스 • 02-324-2345
등록번호 • 제313-2006-000265호

홈페이지 • http://www.hakjisa.co.kr
커뮤니티 • http://cafe.naver.com/hakjisa

ISBN 978-89-6330-666-7 93180
정가 14,000원

역자와의 협약으로 인지는 생략합니다.
파본은 구입처에서 교환해 드립니다.